CORAL HERRERA
Doctora en Humanidades y Comunicación Audiovisual, experta en teoría de género (feminismos, masculinidades, teoría *queer*), ha trabajado como consultora de comunicación y género en organismos internacionales como Unesco, ILANUD y AECID, y actualmente trabaja en UNED Costa Rica y en el Observatorio de Medios y Comunicación Centroamericano (GEMA). También coordina el Laboratorio del Amor, una red social de mujeres y un taller permanente en torno a los estudios sobre las relaciones amorosas desde una perspectiva de género. Escribe en su blog desde hace siete años y colabora en diversos medios de comunicación como *Mente Sana* o *Pikara Magazine*. Ha sido profesora e investigadora en la Universidad de la Sorbona en París, en la Universidad Carlos III de Madrid y ha publicado varios libros, entre los que destacan *La construcción sociocultural del amor romántico* (Fundamentos, 2010) y *Más allá de las etiquetas* (Txalaparta, 2011). Además, ha participado en varios libros colectivos e imparte conferencias en congresos internacionales sobre comunicación y género.

Coral Herrera

Mujeres que ya no sufren por amor

TRANSFORMANDO EL MITO ROMÁNTICO

PRIMERA EDICIÓN: ABRIL 2018
SEGUNDA EDICIÓN: JULIO 2018
TERCERA EDICIÓN: OCTUBRE 2018
CUARTA EDICIÓN: NOVIEMBRE 2018
QUINTA EDICIÓN: MARZO 2019
SEXTA EDICIÓN: JULIO 2019
SÉPTIMA EDICIÓN: NOVIEMBRE 2019
OCTAVA EDICIÓN: SEPTIEMBRE DE 2020

DISEÑO DE CUBIERTA: PSD

© CORAL HERRERA, 2018

© LOS LIBROS DE LA CATARATA, 2018
  FUENCARRAL, 70
  28004 MADRID
  TEL. 91 532 20 77
  WWW.CATARATA.ORG

MUJERES QUE YA NO SUFREN POR AMOR.
TRANSFORMANDO EL MITO ROMÁNTICO

ISBN: 978-84-9097-462-9
DEPÓSITO LEGAL: M-13.055-2018
IBIC: JFFK

ESTE LIBRO HA SIDO EDITADO PARA SER DISTRIBUIDO. LA INTEN-
CIÓN DE LOS EDITORES ES QUE SEA UTILIZADO LO MÁS AMPLIA-
MENTE POSIBLE, QUE SEAN ADQUIRIDOS ORIGINALES PARA PERMI-
TIR LA EDICIÓN DE OTROS NUEVOS Y QUE, DE REPRODUCIR PARTES,
SE HAGA CONSTAR EL TÍTULO Y LA AUTORÍA.

A todas las mujeres del Laboratorio del Amor, y a todas las alumnas que pasan por mi escuela y mis talleres presenciales. Trabajar lo romántico con vosotras es un placer, ojalá sigamos creciendo juntas y disfrutemos mucho recogiendo los frutos de estas semillas que estamos sembrando para sufrir menos y disfrutar más del amor. Gracias por recordarme cada día que otras formas de amar son posibles.

ÍNDICE

INTRODUCCIÓN 9

CAPÍTULO 1. QUÉ BONITO ES EL AMOR 17

CAPÍTULO 2. EL AMOR TOTAL: INCONDICIONAL Y PARA SIEMPRE 20

CAPÍTULO 3. EL AMOR TE CAMBIA LA VIDA: EL MITO ROMÁNTICO DE LA TRANSFORMACIÓN 26

CAPÍTULO 4. YONQUIS DEL AMOR (O POR QUÉ NOS GUSTA SUFRIR) 30

CAPÍTULO 5. CÓMO APRENDEMOS A AMAR 34

CAPÍTULO 6. LOS DONJUANES Y LAS DOÑAINESES 37

CAPÍTULO 7. POR EL INTERÉS TE QUIERO, ANDRÉS 43

CAPÍTULO 8. 'NENA, NO TE ENAMORES DE MÍ': MI NOVIO ES UN MUTILADO EMOCIONAL 47

CAPÍTULO 9. LAS SUPERMUJERES Y LAS CHICAS MALAS 54

CAPÍTULO 10. LA GUERRA DE LOS SEXOS, EL AMOR ROMÁNTICO Y LA VIOLENCIA MACHISTA 59

CAPÍTULO 11. LA GUERRA CONTRA LAS MUJERES 64

CAPÍTULO 12. EL ARTE DE QUERERSE BIEN A UNA MISMA: AUTOCONOCIMIENTO Y AUTOCRÍTICA AMOROSA 68

CAPÍTULO 13. ¿CÓMO USAS TU PODER EN EL AMOR? 71

CAPÍTULO 14. EL ARTE DE ELEGIR A UN BUEN COMPAÑERO 80

CAPÍTULO 15. LAS GUERRAS ROMÁNTICAS 84

CAPÍTULO 16. EL ARTE DE SEPARARSE CON AMOR: CÓMO CUIDARNOS CUANDO LLEGA EL FINAL 88

CAPÍTULO 17. A OTRA COSA, MARIPOSA: CONSEJOS FEMINISTAS PARA DESENAMORARSE 93

CAPÍTULO 18. MEJOR SOLAS QUE MAL ACOMPAÑADAS: CÓMO SER FELICES SIN PAREJA 97

CAPÍTULO 19. EL AMOR COMPAÑERO 100

CAPÍTULO 20. FEMINISMO PARA SUFRIR MENOS Y DISFRUTAR MÁS DEL AMOR 105

CAPÍTULO 21. CÓMO CUIDARNOS CUANDO ESTAMOS ENAMORADAS 111

CAPÍTULO 22. ¿CÓMO TRABAJAR EL AMOR ROMÁNTICO? 120

CONCLUSIÓN. UTOPÍAS AMOROSAS PARA TODAS 123

INTRODUCCIÓN

Las mujeres que no sufrimos por amor cada vez somos más. Todavía no nos hemos liberado del dolor ni hemos encontrado la fórmula para ser felices, pero somos conscientes de que lo romántico es político, y que otras formas de relacionarnos, de organizarnos y de querernos son posibles.

Las mujeres que no sufrimos por amor estamos haciendo la revolución amorosa desde los feminismos: estamos poniendo sobre la mesa la importancia de reinventar el mito romántico para sufrir menos y disfrutar más del amor. Las redes sociales y afectivas, las emociones y los cuidados están en el centro de nuestro pensamiento, nuestros debates y nuestras luchas.

Las feministas hemos logrado muchos cambios a nivel legislativo y político, y estamos despatriarcalizando todo: la ciencia, la educación, las religiones, la medicina, la filosofía, el periodismo y la comunicación, el cine, el teatro, la democracia, los deportes, las instituciones, la familia... pero nos queda mucho trabajo por hacer a nivel sexual, emocional y sentimental.

Aunque hace décadas que luchamos por alcanzar la autonomía económica, hasta hace poco se había hecho muy poco por la autonomía emocional, y cada una tenía que buscar las herramientas individualmente para poder trabajar la dependencia sentimental y despatriarcalizar sus emociones. Hoy, sin embargo, estamos trabajando colectivamente para fabricar esas herramientas para la revolución de los afectos.

Nuestra forma de amar es patriarcal porque aprendemos a hacerlo bajo las normas, las creencias, los modelos, las costumbres, los mitos, las tradiciones, la moral y la ética de la cultura a la que pertenecemos. Cada cultura construye su estructura emocional y sus patrones de relación desde una ideología concreta, por eso nuestra forma de amar en Occidente es patriarcal y capitalista.

Las niñas y los niños recibimos mensajes opuestos y aprendemos a amar de forma diferente, así que, cuando nos encontramos en la adultez, resulta imposible quererse bien. Los niños aprenden a valorar y defender su libertad y su autonomía; las niñas aprenden a renunciar a ellas como prueba de su amor cuando encuentran pareja. Las niñas aprenden a situar el amor en el centro de sus vidas, mientras que los niños aprenden que el amor y los afectos son "cosas de chicas". Las niñas creen que para amar hay que sufrir, pasarlo mal, aguantar y esperar al milagro romántico; los niños, en cambio, no renuncian ni se sacrifican por amor. Las niñas aprenden a ser dulces princesas; los niños, a ser violentos guerreros. Ellas creen que su misión es dar a luz a la vida; la misión de ellos es matar al enemigo. Mientras ellas se hipersensibilizan y dibujan corazones por todos lados, ellos se mutilan emocionalmente para no sufrir y se preparan para ganar todas las batallas.

Así las cosas, no es de extrañar que cuando nos juntamos para amarnos el encuentro sea un desastre. En estas condiciones es imposible construir una relación basada en el respeto mutuo, el buen trato y la igualdad. Es imposible gozar del amor en una estructura de relación basada en la dominación y la sumisión, y en las luchas de poder que nos quitan gran parte de nuestro tiempo y energía: las guerras románticas que sostenemos nos impiden disfrutar del amor y de la vida.

Aprendemos a amar desde nuestra experiencia personal con la familia y el entorno más cercano, pero también con los relatos que mitifican el amor e idealizan unos modelos determinados de masculinidad y feminidad. Mitificar el amor sirve para que las mujeres, movidas por la pasión amorosa, interioricemos los valores del patriarcado, obedezcamos los mandatos de género y cumplamos con nuestros roles de mujer tradicional, moderna y posmoderna a la vez.

Estamos disfrutando de un salto tecnológico impresionante que nos permite contar relatos en múltiples formatos y soportes, pero el esquema narrativo de las historias sigue siendo el mismo: "Mientras él salva a la humanidad, ella espera a ser rescatada de la pobreza, de la explotación, de un encierro, de un hechizo, o de una vida aburrida. Cuando él termina su misión, va a buscarla y se la lleva a palacio, donde ambos vivirán felices y comerán perdices".

Por culpa de estos cuentos, desde pequeñas nos convertimos en adictas a la droga del amor, y así nos tienen entretenidas soñando con nuestra utopía romántica. Al patriarcado le conviene que permanezcamos encadenadas a esta ilusión, cada una buscando la manera de ser rescatada por un príncipe azul. El milagro romántico nos aísla de las demás: para el patriarcado no hay nada más peligroso que las mujeres unidas, alegres y empoderadas trabajando en equipo en busca del bien común.

El romanticismo patriarcal es un mecanismo de control social para dominar a las mujeres bajo la promesa de la salvación y el paraíso amoroso en el que algún día seremos felices. La monogamia, por ejemplo, es un mito inventado exclusivamente para nosotras; ellos siempre han disfrutado de la diversidad sexual y amorosa y nos han prohibido que hagamos lo mismo. En el pasado, las leyes permitían a los hombres matar a sus esposas adúlteras. Hoy en día, la infidelidad femenina sigue siendo inaceptable, mientras se disculpan las "canitas al aire" de los hombres. Las mujeres seguimos sacrificándonos, renunciando, aguantando y sufriendo "por amor", seguimos trabajando gratis en casa y en los cuidados "por amor", seguimos soñando con la salvación personal a través del amor.

El patriarcado sigue vivo en nuestros corazones y goza de una excelente salud, por eso es tan importante hablar en términos políticos de nuestras emociones y relaciones. Desde mi perspectiva, el amor es un arma muy potente para revolucionar nuestro mundo y cambiarlo de abajo arriba. Podemos liberarlo de toda su carga patriarcal y expandirlo más allá de la pareja, hacia la comunidad. Podemos eliminar las jerarquías y luchas de poder entre nosotros, y construir nuestras relaciones con los demás desde la ternura, la empatía, la generosidad, la solidaridad y el compañerismo.

¿Os imagináis cómo sería el mundo si las mujeres, en lugar de despilfarrar nuestro tiempo en el amor romántico, lo dedicásemos a la lucha por una sociedad más libre e igualitaria? ¿Os imagináis a millones de mujeres trabajando unidas por la defensa de la naturaleza y los derechos humanos? Yo sueño con el día en que el amor rompa la barrera del dúo y pueda expandirse para cambiar toda nuestra forma de organizarnos y de relacionarnos.

Ese día aún está muy lejos: las ideas evolucionan a toda prisa, y somos geniales a la hora de imaginar nuevos modelos amorosos y nuevas formas de relacionarnos, pero las emociones avanzan lentamente a lo largo de las décadas, y no podemos cambiar en dos semanas nuestra forma de sentir. Son muchos siglos de patriarcado los que llevamos a cuestas, y no tenemos herramientas aún para gestionar nuestras emociones. Seguimos con la misma madurez emocional de los primeros *Homo sapiens*: sentimos las emociones más básicas (alegría, ira, tristeza, miedo) de manera similar. La mayor parte de la humanidad resuelve sus conflictos con violencia, porque no nos educan para hacer frente a los tsunamis emocionales que nos invaden cada vez que sufrimos y hacemos sufrir a los demás. En las escuelas no nos enseñan a querernos bien, y cuesta mucho trabajo aprender a relacionarse con amor con nosotras mismas, con nuestro entorno y con la gente a la que queremos.

Sin embargo, estamos... en ello. Cada vez somos más mujeres pensando y debatiendo sobre nuestra forma de querernos y relacionarnos, cada vez somos más las que queremos liberar al amor del patriarcado, y las que reivindicamos nuestro derecho al bienestar, al placer y a la felicidad.

Las mujeres que ya no sufrimos por amor estamos analizando nuestra cultura amorosa para transformarla de arriba abajo, buscando otras formas de querernos, fabricando colectivamente herramientas para aprender a usar nuestro poder sin hacer daño a nadie y para construir relaciones bonitas con los demás. Relaciones desinteresadas, basadas en el amor compañero, en el placer, la ternura y la alegría de vivir.

Estamos con la imaginación activada, buscando nuevas formas de relacionarnos con nosotras mismas y con los que nos rodean. Queremos un mundo mejor para todos y todas, un mundo sin violencia. Nuestro objetivo común es parar la guerra contra las mujeres y entre las mujeres, y contra nosotras mismas: queremos aprender a querernos bien para poder amar a los demás de la misma manera.

La revolución amorosa es a la vez personal y colectiva: lo romántico es político, pero también es social, económico, sexual y cultural. Queremos que el amor deje de ser un instrumento de opresión para utilizarlo como el motor de la revolución sexual, afectiva y de cuidados en la que estamos trabajando desde los feminismos.

Las mujeres que ya no sufrimos por amor nos estamos cuestionando todo: ¿cómo desmitificamos el amor?, ¿cómo vamos a trabajar los patriarcados que nos habitan?, ¿cómo acabamos con las relaciones de dominación y sumisión?, ¿cómo nos liberamos de las masculinidades patriarcales?, ¿cómo aprendemos a amar sin hacernos la guerra?, ¿cómo podemos construir relaciones placenteras, hermosas, respetuosas, e igualitarias?, ¿cómo aprendemos a resolver nuestros conflictos sin violencia?, ¿cómo tejemos redes de cuidado, de trabajo cooperativo, de solidaridad con la gente?, ¿cómo vamos a trabajar desde el feminismo para reapropiarnos del placer, para reinventar el amor, para liberar al deseo de la culpa y los miedos?

Estamos en un momento apasionante. Por fin el amor ha dejado de ser un asunto íntimo y privado para convertirse en un debate social y político. Ahora hablamos de amor en las redes sociales, en las asambleas, en los bares, en las tesis doctorales, en los blogs, en los congresos y en las fiestas populares.

Las mujeres que ya no sufrimos por amor aún lo pasamos mal, pero no nos sentimos solas. Todas queremos vencer al monstruo de la soledad que nos tiene muertas de miedo, queremos superar la dependencia emocional y aprender a amar desde la libertad, no desde la necesidad.

Es mucho el trabajo que tenemos por delante: queremos construir un amor compañero en el que nos sintamos libres e iguales. Queremos relaciones basadas en el buen trato, en el placer compartido, en la honestidad y la ternura. Queremos cambiar nuestra relación con nosotras mismas, y entre nosotras. Y queremos acabar con el patriarcado, la desigualdad, la pobreza y la violencia. Se trata de reinventar el amor para que nos alcance a todos y a todas.

El amor es una herramienta maravillosa para la transformación individual y colectiva. Cuando el amor no se reduce a la pareja y llega al vecindario, al barrio, al pueblo, entonces es un motor para construir una sociedad libre de explotación, violencia, jerarquías y dependencias.

La revolución amorosa que estamos llevando a cabo las mujeres feministas pone en el centro la alegría de vivir, los afectos, los cuidados y el placer. Sabemos que otras formas de quererse y organizarse son posibles, y aquí estamos: unidas, creativas y combativas, reivindicando el disfrute y el placer. Somos las mujeres que ya no sufren por amor.

CAPÍTULO 1
QUÉ BONITO ES EL AMOR

Una de las experiencias más hermosas y alucinantes de la vida es enamorarse de alguien y ser correspondida. Querer y que te quieran, estar en el mismo momento, en la misma onda, con la misma energía puesta en el amor, con la misma curiosidad y fascinación que la otra persona. Tener el mismo ritmo, las mismas ganas, la misma ilusión, y parecidas ideas sobre el amor y la pareja. Que nos apetezca a los dos lo mismo, que nos pase a los dos lo mismo, que nos veamos los dos inundados de la borrachera del enamoramiento a la vez.

Es bien difícil que esto ocurra, porque todos llegamos al amor con nuestros miedos, resistencias, intereses y deseos, y con nuestro pasado a las espaldas. Y lo más complicado es que dure: cuando nos vamos conociendo mejor y va disminuyendo la intensidad de la borrachera, empiezan los problemas.

A mí me ha pasado algunas veces en mi vida y lo he disfrutado mucho. Lo más delicioso para mí es ese tiempo en el que aún no hemos puesto palabras a lo que sentimos, ni hemos definido qué somos, ni necesitamos hacerlo. Me siento muy libre para amar cuando solo nos mueven las ganas de estar juntos y nada nos condiciona: no hay normas, no hay pactos, no hay horarios, no nos sometemos a ninguna estructura predefinida sobre cómo debemos comportarnos. No hay límites, no hay miedos, no hay obligaciones, no hay futuro ninguno: nuestro único deber es disfrutar al máximo el presente, saborear el aquí y el ahora, y olvidarnos del mundo para entregarnos al placer.

Después de este breve y extraordinario tiempo de felicidad desbordante y colocón permanente, generalmente se impone la realidad, a veces de un modo aplastante. Es cuando nos sentamos a hablar de lo que nos está pasando, de cómo nos sentimos, y de cómo nos apetece definir la relación que está comenzando.

Si las dos personas sienten lo mismo y les apetece lo mismo, entonces simplemente se trata de disfrutar del romance. La fiesta del amor se acaba cuando cada uno tiene una concepción diferente sobre el amor y la pareja, cuando colocamos a la otra persona en una posición inferior a la que querría ocupar en la jerarquía afectiva, cuando las intensidades y los ritmos son dispares, cuando uno le impone al otro su modelo amoroso idealizado o cuando damos espacio al miedo y construimos muros defensivos.

Lo curioso es que en lugar de acabar la fiesta con cariño, despedirnos con un beso e irnos a dormir a casa a pasar la resaca, lo que hacemos es empezar la relación con la esperanza de que el manantial de oxitocina, serotonina y dopamina vuelva a brotar con mayor intensidad a medida que se profundice en la relación.

Los humanos nos juntamos para probar, pero en lugar de vivir con alegría esa incertidumbre de no saber si la relación funcionará o no, solemos sumergirnos en la ilusión de haber encontrado "por fin" a nuestra media naranja. Y sufrimos mucho cuando nos damos cuenta de que con esa persona tampoco logramos la fusión romántica ni alcanzamos el amor absoluto.

Lo realmente extraño es cuando sí lo alcanzamos. Cuando podemos seguir la fiesta del amor sin muros, sin obstáculos, sin *peros*, sin miedos. Cuando la cosa en vez de disminuir se hace más grande, cuando ambos permanecemos desnudos y con el corazón abierto, cuando nuestra vida sigue inundada de risas, de caricias, de juegos, de conversaciones profundas, de abrazos, de sesiones increíbles de sexo... entonces no queda otra que disfrutar de la historia de amor.

Sin embargo, no todo el mundo lo logra: hay gente que no sabe qué hacer cuando se presenta la felicidad así como así, sin avisar. Pienso, por ejemplo, en esas parejas adictas al drama que, aunque se aman locamente, se inventan problemas para no aburrirse y entran en un círculo vicioso de peleas y reconciliaciones con el único objetivo de mantener la intensidad de las emociones.

Disfrutar del amor es un arte que requiere de mucho entrenamiento. Para poder vivirlo con alegría y placer necesitamos herramientas que nos permitan querernos bien, cuidar y alimentar nuestra relación el tiempo que dure, y cerrar la historia con el mismo amor con el que la empezamos.

CAPÍTULO 2
EL AMOR TOTAL: INCONDICIONAL Y PARA SIEMPRE

Las mujeres que ya no sufrimos por amor nos juntamos en el año 2015 en un grupo de estudio internacional en el que estudiamos el amor, el sexo y las emociones mezclando lo personal con lo político. Mi idea al crear esta comunidad virtual de mujeres era poder trabajarnos lo romántico en buenas compañías, compartir recursos, ideas, reflexiones y experiencias personales para elaborar herramientas que nos permitan explorar otras formas de querernos.

En el Laboratorio del Amor hablamos mucho sobre la necesidad de tener pareja, y sobre lo difícil que es no soñar con un compañero o compañera con la que compartir la vida. Muchas de nosotras somos mujeres autónomas y empoderadas, vivimos solas y somos independientes económicamente, pero no renunciamos al sueño de encontrar el "amor verdadero". Muchas de nosotras somos feministas, y vivimos la contradicción de querer un mundo mejor y a la vez seguir soñando con el paraíso romántico.

Sabemos que las relaciones de pareja no son tan maravillosas, ni tan fáciles, ni tan perfectas como en los mitos. Pero seguimos soñando con el amor total, y fantaseamos con encontrar a alguien que nos quiera incondicionalmente y para siempre. Ese alguien que nos haga compañía hasta el final de nuestros días, que esté en las buenas y en las malas, que nos apoye en todo, que nos acune y nos sostenga cuando el mundo se nos venga encima. Anhelamos una relación que nos proporcione estabilidad, que nos haga sentir seguras, protegidas y cuidadas. Que nos autorrealice como mujeres, que nos haga sentir plenas y nos permita dar lo mejor de nosotras mismas.

Es un deseo muy íntimo y a veces nos cuesta reconocernos a nosotras mismas cuán profundamente arraigado está en nuestros corazones. Sabemos que el amor de pareja no es inmutable, ni puro, ni absoluto. Está vivo y cambia, evoluciona, se transforma, a veces se estropea de golpe, otras veces se va desgastando con el tiempo. En la realidad, el amor de pareja dura un ratito, un mes, diez años, y no es tan maravilloso como nos cuentan en las películas. Pero claro, son muchos años escuchando el mismo cuento sobre las mitades que se encuentran y se fusionan en el amor.

Somos conscientes de que el amor hay que trabajarlo, hay que alimentarlo, hay que construirlo, y para mantener una pareja se necesitan toneladas de generosidad, de ternura, de empatía, de solidaridad. Todas las parejas tienen que elaborar sus pactos para convivir, para formar equipo frente al mundo, para criar hijos e hijas, si los hay. Estos pactos se van revisando conforme vamos evolucionando. A veces no se encuentran motivos suficientes para seguir con ellos, a veces la ruptura de esos pactos por parte de uno de los dos miembros de la pareja hace que la relación estalle en mil pedazos.

El romanticismo patriarcal nos hace creer que el amor es fácil, una energía mágica e inagotable que surge por sí sola y se mantiene igual en el tiempo. En este sentido, es como las religiones, porque nos seduce con el paraíso del amor total.

Nos hace creer que hay alguien superior a nosotras que nos ama y nos cuida en la distancia, que nunca nos falla, que siempre nos protege, que nos concede todos los deseos, nos vigila y nos castiga si no nos portamos bien, y no deja de amarnos jamás, hagamos lo que hagamos. Si tenemos fe, el amor nos llevará a la vida eterna; si aguantamos los sufrimientos de este valle de lágrimas, algún día podremos vivir felices en el paraíso romántico.

La necesidad de ser amadas de una manera absoluta surge desde el mismo momento en el que salimos del vientre materno: nos pasamos la vida queriendo volver a entrar en ese espacio en el que estamos seguras, calentitas, acompañadas. Cuando nacemos nos convertimos en crías muy vulnerables, frágiles y dependientes de la madre o de las personas que nos cuidan. Nos mueve el instinto de supervivencia: nos aterra quedarnos solas porque, cuando nos dejan en una habitación, no sabemos si van a ser solo dos minutos o si nos van a abandonar para siempre. Todos necesitamos sentirnos queridos y acompañados, y si no logramos cubrir nuestras necesidades básicas (comer, beber, amar, dormir...), nuestro cerebro y nuestro sistema emocional se dañan.

La mayor parte de los problemas emocionales tienen que ver con el sufrimiento que nos causa la falta de amor. Pero no les damos importancia porque nos hacen creer que estos son problemas individuales a los que tenemos que hacer frente solas y solos, cuando en realidad es un problema colectivo de extrema gravedad. Vivimos en un mundo cada vez más individualista y deshumanizado.

Los adultos seguimos siendo bebés que necesitan desesperadamente que los cuiden y los amen. La carencia de afecto es el mayor de los sufrimientos que experimenta el ser humano, junto con las pérdidas de seres queridos. El miedo al abandono, al rechazo y a la soledad es un miedo universal.

Dependemos de los demás al principio y al final de nuestras vidas: somos seres sociables cuya supervivencia depende de las redes humanas de cuidado y afectos.

El romanticismo nos hace creer que es posible volver a sentir la fusión total que experimentamos en el vientre materno y durante algunos meses más de vida, en los que creíamos que éramos la misma persona que mamá. No importa si lo vivimos durante cinco minutos o durante cinco años de nuestra vida: todas, todos soñamos con ser queridos así, sin condiciones, sin límites, sin miedos.

Este anhelo de fusión es muy humano, pero es un espejismo. El amor no es incondicional, o no debería serlo: si no hay condiciones para amar, si amar duele, si no nos tratan bien, si abusan de nosotros, entonces no es posible construir una relación amorosa.

No somos seres perfectos, y nuestra forma de querernos tampoco lo es. Nada es eterno, y el amor tampoco, porque es una energía viva que crece, disminuye, desaparece o se multiplica. Por eso el amor no es inmutable, ni mágico: no es fácil quererse bien. Las relaciones humanas son conflictivas y, a veces, muy dolorosas, y requieren de mucha empatía, asertividad, generosidad y habilidades sociales para elaborar pactos de convivencia y para resolver problemas.

Todas las relaciones humanas pasan por periodos difíciles, luchas de poder, desencuentros, conflictos... y no todas las historias tienen un final feliz. A veces estamos mejor separados que juntos. El sufrimiento nunca nos lleva al paraíso, aunque la cultura cristiana nos haga creer que para ser felices tenemos que pasarlo muy mal y aguantar todo lo que nos pase. Este mecanismo de compensación está pensado para que las mujeres creamos que cuanto más suframos, mayor será el premio que nos espera.

Muchas mujeres viven en un ciclo de ilusión-decepción-ilusión del que es muy difícil salir. Cuanto más idealizamos el amor, cuanto más le pedimos, más nos decepcionamos. La espera nos sitúa siempre en otro lugar que no es el presente, para que podamos evadirnos de él y así no nos resulte tan dura la realidad en la que vivimos. Si siempre estamos soñando con lo que no tenemos, al final experimentamos una pérdida total de sentido de la vida. Si vivimos siempre en un futuro idealizado en el que seremos felices, el presente está vacío. Si creemos que el amor está en el paraíso romántico, no podemos disfrutar de los afectos que nos rodean en la realidad.

El amor es una forma de relacionarse con el mundo, por eso no puede encerrarse en una sola relación. No deberíamos exigirle a nadie que cubra toda nuestra necesidad de afecto, que nos llene la vida por completo, que nos haga felices y nos mantenga entretenidas todo el tiempo. Ni siquiera el amor de madre más intenso da para tanto: las mamás, además de mamás, somos personas autónomas con nuestros proyectos, nuestros afectos, nuestras necesidades, nuestros sueños, nuestras pasiones propias.

Lo único que podemos hacer es aprender a convivir con esa necesidad de amor total.

Cuanto más vivimos la ilusión del romanticismo, menos importancia damos a nuestros afectos reales, a la gente que nos quiere y a la que queremos. El patriarcado nos quiere entretenidas en la utopía romántica, rivalizando con las demás por enamorar a los machos alfa de la manada y soñando con el príncipe azul. Así es como nos olvidamos de la lucha por un mundo mejor para todas: la utopía romántica está basada en la filosofía del "Sálvese quien pueda", que es el lema bajo el que funciona el capitalismo más salvaje.

Muchos movimientos sociales y políticos se desarticulan con drogas: a las mujeres nos controlan con el romanticismo, la droga que nos mantiene a todas enganchadas a una utopía individualista y alejadas de cualquier utopía social.

CAPÍTULO 3
EL AMOR TE CAMBIA LA VIDA:
EL MITO ROMÁNTICO DE LA TRANSFORMACIÓN

Uno de los mitos románticos más potentes de nuestra cultura patriarcal es la idea de que la magia del amor nos cambia la vida, nos salva de todos los males y nos soluciona todos los problemas. El amor convierte a los sapos asquerosos en príncipes azules, deshace el hechizo de las bellas durmientes, rescata de su encierro a las muchachas, transforma a la criada que limpia chimeneas en una princesa. En su versión contemporánea, el amor romántico también convierte a periodistas en reinas, como le pasó a Letizia de España.

El mensaje que nos lanzan las historias de Blancanieves y Cenicienta es que el amor nos libera de las tareas domésticas, de los abusos de madrastras malvadas y enanitos tiranos, de la pobreza y la explotación del mercado laboral. Solo tenemos que saber esperar y tener fe, como cuando esperamos el regreso de Jesucristo a la Tierra en el siglo XX: nos piden que confiemos ciegamente en la llegada de ese día en el que el amor llamará a nuestra puerta y nos cambiará la vida.

Es curioso cómo en los cuentos los cambios siempre son mágicos: nunca tienen que ver con el esfuerzo personal o colectivo. El amor convierte a los malos en buenos: la Bestia es un maltratador que se convierte en príncipe azul gracias a la ternura de su enamorada. Ella se libera del maltrato sin hacer nada, solo esperando a que la Bestia cambie algún día.

El gran mito en el que se sustenta casi toda nuestra cultura amorosa es la idea de que el amor lo puede todo. Es el mejor argumento para que no nos sintamos responsables de nuestro bienestar y nuestra felicidad, y para que creamos que el causante es un apuesto príncipe. Es la mejor arma para mantenernos esperando, pasivas, dependientes y necesitadas de amor. Es la mejor manera de asegurarse de que las mujeres no vamos a alterar el orden patriarcal: solo vamos a confiar en que la magia del amor transforme nuestras vidas.

El mito de la omnipotencia del amor nos hace mucho daño, porque nos hace creer que no importa que ese hombre no te trate bien o no te valore: si tú persistes en tu empeño, si eres paciente y bondadosa, si te muestras sumisa y desvalida, al final él se dará cuenta de lo mucho que vales, de lo especial que eres y de lo grandiosos y puros que son tus sentimientos. La recompensa por amar con tanta devoción es que seremos correspondidas en algún momento. Y así es como el amor nos atrapa, haciéndonos creer que el sacrificio merece la pena y que él no podrá resistirse a la idea de ser amado con tanta abnegación y entrega.

Por eso el amor es una trampa: millones de mujeres se enamoran de donjuanes creyendo que el amor los transformará en hombres monógamos, fieles y honestos. Otras tantas creen a los hombres casados, aunque estos pasen años prometiendo que el próximo mes se divorciarán de sus esposas. También hay muchas que aguantan la violencia de su pareja creyendo que en algún momento algo ocurrirá y él cambiará. Así es como interiorizamos el patriarcado: nos autoengañamos para autoboicotearnos, y para hacernos daño a nosotras mismas.

Además, buscamos la salvación adoptando el rol de salvadoras, de mujeres que solucionan todos los problemas, de esposas-madres que lo dan todo por sus hijos. Por eso hay tantas mujeres que creen que podrán curar al alcohólico, al ludópata, al corrupto, al mentiroso, al problemático... Salvar a otra persona no es un acto puramente altruista: lo hacemos para obtener a cambio su agradecimiento infinito y eterno, su lealtad y su amor.

A las mujeres nos resulta muy atractiva la idea de convertirnos en salvadoras, porque nos transforma en seres imprescindibles y nos da poder sobre la persona a la que salvamos la vida: estará siempre en deuda con nosotras, no tendrá más remedio que amarnos toda su existencia.

El milagro del amor es un mito muy potente, parecido al milagro de la lotería, que te convierte en millonaria sin tener que trabajar, o al milagro de la dieta que nos va a hacer adelgazar 40 kilos sin pasar hambre. Son mitos que nos inmovilizan porque nos hacen creer que el cambio va a llegar desde fuera y que nosotras no tenemos que esforzarnos.

Los cuentos que nos cuentan están basados en ese milagro: si eres paciente y virtuosa, don Juan se curará de su promiscuidad y se arrodillará frente a ti para rendirte pleitesía. Si tienes fe, el príncipe te salvará del hechizo como a la Bella Durmiente, te sacará del hogar en el que no te quieren como a Cenicienta, te librarás de las tareas domésticas como Blancanieves. Si te trata mal, te pedirá perdón y se convertirá en un ser cariñoso y dulce como le sucedió a la Bella. Si no eres correspondida, llegará el milagro que le abra los ojos y le haga enamorarse locamente de ti.

El amor, sin embargo, no puede transformar la realidad como por arte de magia: nuestra vida no cambia el día en el que conseguimos pareja. Los cambios ocurren cuando somos capaces de analizar nuestra vida y tomamos decisiones, cuando se nos ocurren buenas ideas y nos ponemos manos a la obra para sacar adelante nuestros proyectos, cuando decidimos cambiar lo que no nos gusta de nosotras mismas o de nuestras relaciones, cuando dejamos de ponernos obstáculos, cuando confiamos en nuestra capacidad para incidir positivamente en nuestro entorno, cuando nos juntamos con otras personas para transformar el mundo.

CAPÍTULO 4
YONQUIS DEL AMOR (O POR QUÉ NOS GUSTA SUFRIR)

El amor es una droga muy potente, y esto lo sabe cualquiera que se haya enamorado locamente. ¿Quién no se ha emborrachado de oxitocina, dopamina, adrenalina y serotonina alguna vez en su vida?

El amor es gratis, es legal, y lo fabricamos nosotras mismas. El enamoramiento nos lleva al éxtasis, nos pone místicas, nos eleva por encima del mundo, nos pone en sintonía con el cosmos y nos hace sentir diosas a todas.

Una de las experiencias más hermosas que puede vivir un ser humano es el amor correspondido. Cuando surge la química entre dos personas que se gustan, las hormonas del placer invaden nuestro corazón, nuestro sistema nervioso, nuestros genitales y cada milímetro de nuestra piel. Esta es la razón por la cual somos capaces de no dormir durante semanas: el amor nos envuelve en una burbuja de felicidad de la que nos resulta difícil salir. Nos libera de nuestra propia realidad y de nuestro rol de personas adultas. Nos convierte en las protagonistas de las películas románticas. Nos hace sentir más vivas que nunca: alegres, generosas, optimistas, ilusionadas y con ganas de comernos el mundo. Nos sube la autoestima, se nos pone la piel divina, nuestros cabellos brillan al sol, nuestras manos huelen a sexo, todo el mundo nota el cambio y hace bromas sobre nuestro estado de enajenación mental y emocional transitoria.

En las primeras semanas o meses del enamoramiento, andamos despistadas, con una sonrisa en los labios, como flotando unos centímetros por encima del suelo. Pasamos miles de horas juntos, nos contamos la vida entera, compartimos la fascinación por el momento que estamos viviendo. Nos sentimos como si nos hubiese tocado la lotería del amor, tenemos cientos de orgasmos y experimentamos la ilusión de la fusión: por un momento se nos olvida que uno más uno son dos.

Unas veces, el enamoramiento se va diluyendo con el paso del tiempo. Otras, se acaba de golpe y porrazo y nos destroza el corazón. Cuando la borrachera acaba, empieza la resaca. Se interrumpe la música de los violines, nos caemos de la nube y volvemos a la realidad. Cuanta más droga hemos tomado, más fuerte es después el síndrome de abstinencia: la ausencia del amado duele emocional y físicamente. Nos duele el corazón, nos cuesta horrores levantarnos de la cama, se nos quitan las ganas de vivir, no paramos de preguntarnos por qué a nosotras, nos invade la angustia y no sabemos cómo gestionarla. Nos resulta muy doloroso tener que renunciar a toda esa oleada de oxitocina, por eso lloramos a mares y lo pasamos tan mal: el desamor es uno de los procesos de desintoxicación más duros que existen.

Y, sin embargo, en lugar de cuidarnos para evitar la adicción y todo el sufrimiento que conlleva, nos lanzamos a la piscina aunque se esté vaciando de agua. Asumimos que amar es sufrir y que, cuanto más suframos, más hermoso será el premio que recibiremos. Nuestro rol tradicional ha consistido en sacrificarnos por los demás, entregar nuestro poder al hombre que nos ame, renunciar a nuestra libertad, darnos por completo, y cuidar más a los demás que a nosotras mismas. Nuestra sociedad mitifica a las mujeres que se autodestruyen o que son destruidas por los demás: la Virgen María, Juana de Arco, Virginia Woolf, Frida Kahlo, María Callas, Janis Joplin... son todas grandes sufridoras de nuestra cultura patriarcal.

El sufrimiento es político: para que todo siga igual es necesario que cada mujer esté a lo suyo, mirándose el ombligo, soñando con su salvación personal y llorando porque no consigue su droga favorita. La droga del amor anula nuestra voluntad, destroza nuestra autoestima, nos roba todo nuestro tiempo y energías, nos empuja a competir entre nosotras, nos llena el alma de miedos: miedo a que no nos amen, miedo a que nos dejen de querer, miedo a quedarnos solas, miedo a que disminuya la intensidad del enamoramiento y se acabe el cuento de hadas.

El masoquismo romántico es una herencia del cristianismo: Jesús sufrió por amor antes de elevarse a los cielos en una agonía terrible para salvarnos a todos y a todas. El patriarcado también endiosa a las mártires del amor: cuanto más sensibles somos, más sufrimos. Y cuanto más sufrimos, más guapas estamos, más divinas somos, más especiales nos sentimos y con más intensidad deseamos nuestra recompensa. Porque no sufrimos por sufrir: sufrimos para despertar admiración, compasión, simpatía, piedad o envidia en los demás. Sufrimos para recoger nuestro regalo y para recibir el aplauso del público, para despertar amor y solidaridad en los demás, para conseguir lo que necesitamos, para recoger los frutos que sembramos con nuestro dolor.

Sufrir forma parte del rol femenino tradicional, por eso cuando disfrutamos nos sentimos (y nos hacen sentir) egoístas o culpables. Las mujeres alegres son peligrosas para el patriarcado, que nos necesita tristes y anestesiadas.

Por eso las mujeres que ya no sufrimos por amor reivindicamos la importancia del placer, el bienestar y la felicidad. Todas las mujeres tenemos derecho a gozar de la vida, a hacer cosas que nos hacen felices, a disfrutar de nuestro tiempo libre, de nuestras pasiones, de las personas a las que queremos y nos quieren.

El amor podría ser una vía maravillosa para disfrutar de nuestra sexualidad y de nuestras emociones, pero hoy por hoy es un mito que nos tiene atontadas a muchas, y nos hace perder mucho tiempo y energía que podríamos dedicar a otras cosas más placenteras. Al amor hay que liberarlo del patriarcado y del masoquismo romántico: tenemos que trabajar mucho para deshacer esta asociación entre amar y sufrir, amar y sacrificarse, amar y someterse, amar y renunciar.

Para liberarnos nosotras y liberar al amor, vamos a darnos permiso para disfrutar de la vida y para crear las condiciones que nos permitan disfrutar a todas. Vamos a reivindicar una y otra vez el derecho que tenemos todas las mujeres a vivir una buena vida, a expresar con libertad nuestra alegría de vivir, a multiplicarla y expandirla sin miedo, a compartirla con las demás. El sexo y el amor son para disfrutar, no para convertir nuestras vidas en dramas: la realidad ya es lo suficientemente dura y complicada como para complicárnosla aún más. No necesitamos tragedias, compañeras, necesitamos orgasmos, abrazos, caricias, risas, juegos, ternura y placer. Nos lo merecemos, todas y cada una de nosotras: la vida es muy corta, tenemos derecho a vivirla con alegría y a llenarla de mucho amor del bueno.

CAPÍTULO 5
CÓMO APRENDEMOS A AMAR

Aprendemos a amar en nuestro entorno familiar y social, y con los relatos de nuestra cultura. Desde pequeñas observamos cómo se aman los adultos de nuestro mundo y la concepción que ellos tienen del amor y de la pareja. Interiorizamos las estructuras en las que se relacionan nuestros padres y madres y los miembros de nuestra familia, creyendo que lo que ellos hacen y sienten es "lo normal". La relación de nuestros progenitores nos marca profundamente, tanto en la forma en la que construimos nuestra feminidad o masculinidad como en la manera en que nos relacionamos con los demás.

En todos los hogares, las relaciones son conflictivas, y a menudo violentas. Apenas tenemos herramientas para resolver los problemas y gestionar las emociones que nos invaden, porque nuestra cultura solo nos proporciona armas para hacer la guerra entre nosotros y contra los otros.

Nuestra forma de relacionarnos con el amor y con las demás personas está también determinada por la forma en la que hemos sido amadas durante nuestra infancia y adolescencia, porque son las etapas en las que construimos y consolidamos nuestra identidad, la autoestima y la confianza en nosotras mismas.

Si no nos han querido bien es muy difícil querernos bien a nosotras mismas y a los demás. La falta de amor nos determina y nos influye a la hora de construir relaciones libres, sanas y basadas en el placer. Porque todas las carencias afectivas aumentan nuestro miedo al rechazo y al abandono, el miedo a quedarnos solas, el miedo a que nadie nos quiera... y los miedos nos encadenan a relaciones que no funcionan, a parejas que no nos cuidan o que nos tratan mal.

En nuestra vida adulta tenemos que trabajar mucho para liberarnos de la intensa necesidad de ser aceptadas y amadas, y para desaprender todo lo que aprendimos en la escuela y en la casa. Además de trabajar para liberarnos de las herencias familiares (traumas, miedos, discapacidades emocionales, problemas de comunicación, mezquindades, violencias y estructuras emocionales y relacionales), también tenemos que romper con las princesas y olvidarnos del mito del príncipe azul.

Una de las claves del cambio que necesitamos está en la forma en la que estamos criando y educando a las siguientes generaciones. No podemos seguir contando a los niños y niñas los mismos cuentos de siempre, no podemos pedirles que rompan con las estructuras de relación patriarcales si nosotras no hemos roto con ellas aún. Necesitamos otros relatos, con otros personajes, con otras tramas y otros finales felices, pero también es urgente que nosotras mismas podamos protagonizar todos estos cambios para poder ofrecerles modelos de feminidad y masculinidad alternativos, y ejemplos de cómo relacionarse con amor, cómo resolver los conflictos sin violencia, como relacionarse en estructuras horizontales, cómo tejer sus redes de resistencia frente al patriarcado.

Tenemos una responsabilidad enorme, pues el futuro de la humanidad depende de nuestra capacidad para buscar otras formas de organizarnos política, económica, social, emocional y sexualmente. Para acabar con el patriarcado y el capitalismo tenemos que desaprenderlo todo, cuestionarlo todo e inventarnos nuevas estructuras para relacionarnos sin jerarquías ni luchas de poder.

Es un desafío enorme, pero apasionante: estamos solo al inicio de la revolución amorosa, queda todo por hacer. Necesitamos mucha educación emocional y sexual para aprender a relacionarnos con amor. Hay muchos mitos que derribar, muchos mandatos que desobedecer, muchas creencias que desmontar, y hay que hacer mucha autocrítica: para desalojar al patriarcado de nuestras mentes, nuestros corazones y nuestros coños. En esta lucha, la única regla es disfrutar del proceso de transformación en las mejores compañías.

CAPÍTULO 6
LOS DONJUANES Y LAS DOÑAINESES

El donjuán posmoderno es un golfo irremediable, un *dandy*, un chulo, un seductor nato, un mentiroso, un promiscuo incurable cuyo objetivo en la vida es conquistar el máximo número de mujeres. Para poder alcanzar la meta, que es penetrarlas a todas, el macho alfa tiene que desplegar sus artes de seducción y enamorar a sus "víctimas". Unas caen con facilidad, pero a otras tendrá que camelárselas mucho para que se derritan en sus brazos.

El personaje literario de don Juan era tan encantador e irresistible que hasta las mujeres más virtuosas y beatas sucumbían a sus encantos, engañaban a sus maridos y padres, y alteraban por completo el sistema de propiedad privada del patriarcado. Don Juan era un ladrón de mujeres que disfrutaba más cabreando y humillando a los demás machos que pasando una noche de amor con una mujer.

Sin embargo, a don Juan le costaba disfrutar del sexo y del amor: no interaccionaba desnudo con sus compañeras sexuales, nunca repetía una segunda vez con la misma mujer. Simplemente añadía a su lista de conquistas a las mujeres antes de salir corriendo.

A don Juan no le gustaban las *mujeres fáciles*, y siempre elegía a las casadas, las doncellas vírgenes o las monjas célibes. La virginidad era uno de los mayores tesoros que podían lograr los hombres en sus cacerías, por eso don Juan buscaba mujeres sin "estrenar". En esto las mujeres nos parecemos mucho a los animales: somos objetos con los que los hombres comercian y hacen demostraciones de poder. Nuestros cuerpos sirven para que los hombres nos exploten sexual y reproductivamente: nos exhiben, nos regalan, nos abandonan, nos intercambian, nos maltratan y nos quitan de en medio cuando ya no valemos o cuando se cansan de nosotras. En el imaginario patriarcal, los dueños de las cosas hacen lo que quieren con "sus" cosas.

Don Juan despreciaba profundamente a las mujeres, por eso nunca se enamoraba de ninguna. Hasta que apareció doña Inés, la mujer más virtuosa, bella y decente. Ella no era como las demás: ella sí resistió la tentación y se mantuvo firme en su rechazo, cosa que a don Juan le excitó mucho. Doña Inés le hizo hincar la rodilla en el suelo, lo obligó a arrepentirse de sus pecados, lo domesticó y logró reconducirlo hacia el buen camino. El final feliz es que don Juan se redime y abandona el pecado para abrazar la senda de la monogamia, la fidelidad, el amor sin lujuria y el sexo para procrear. Don Juan se sometió por fin al poder de una mujer: esta vez ella fue la ganadora y él el perdedor. Ella mandaba y él obedecía. Ella llevaba las riendas, él se enamoró y se convirtió en esclavo de su amada. Y así fue como doña Inés y don Juan, ya curado de su inclinación al pecado, fueron felices y comieron perdices.

Los donjuanes de carne y hueso, sin embargo, viven una enorme contradicción en su interior. Por un lado quieren ser libres y poderosos, por otro quieren encontrar a su doña Inés particular. Huyen de las mujeres y del amor, pero van buscando a la princesa que los obligue a sentar la cabeza. Se sienten muy machos conquistando mujeres, pero sufren la masculinidad patriarcal que les obliga a ser los mejores, a acumular conquistas, a tener que demostrar contantemente su hombría. No quieren enamorarse, pero necesitan a la esposa-madre que les quiera incondicionalmente y les perdone todos sus pecados.

A las doñaineses les iría mucho mejor con chicos sensibles, románticos y fieles, pero prefieren enamorarse de los donjuanes, pues les aburren los chicos fáciles. Casi todas se vuelven locas por los chicos guapos, líderes, rebeldes, promiscuos, mentirosos y encantadores que van rompiendo corazones allá donde aparecen. El objetivo de las doñaineses es cazar a un donjuán que se redima, que se arrodille y que se transforme por completo al enamorarse de ellas. Cuanto más exitoso es un donjuán, más le gusta a una doñainés. Cuanto más se resiste a ser cazado, más empeño le pone ella: los trofeos de caza tienen más valor en la medida en que es más difícil conseguirlos.

Estos mecanismos del amor son muy complejos, y se asemejan a una guerra en la que cada contrincante diseña su propia estrategia para conseguir lo que quiere. En esta guerra, el objetivo de don Juan es que la chica se crea doña Inés. Que se piense que ha triunfado y que por ella él va a dejar de ser un promiscuo mentiroso. Las armas de don Juan son las adulaciones y las falsas promesas. Él sabe bien que para seducir a una mujer basta con decirle cosas bonitas, como "qué sonrisa tan hermosa", "qué ojos tan lindos", "tú no eres como las demás", "me encanta cómo te tocas el pelo", "voy a bajarte la luna para ti sola", "nunca había amado a ninguna como te estoy amando a ti", "eres lo mejor que me ha pasado en la vida", "nunca imaginé que encontraría a alguien como tú", "soy el hombre más afortunado del planeta", blablablá.

También funciona hablarle del futuro, hacerle creer que va a abandonar sus correrías para centrarse en amarla y hacerla feliz: "voy a cambiar de arriba abajo", "eres el amor de mi vida y siempre lo serás", "quiero que seas la madre de mis hijos", "vivamos juntos hasta el fin de nuestros días", "siento que ya es hora de sentar la cabeza", "necesito estabilidad y amor", "nunca dejaré de amarte", blablablá.

Y, entonces, si ella cede a la tentación y se rinde ante los encantos del golfo, se convierte en la perdedora. Al principio todo serán risas, caricias y noches de amor sin fin, pero cuando don Juan se aburra y vuelva a buscar emociones fuertes, vendrán los llantos. Entonces empezarán los reproches y los lamentos: "me prometiste que cambiarías", "me dijiste que ibas a ser fiel", "me has engañado como a una tonta", "te di todo y tú me abandonas", "me dijiste que me amabas y que yo era la mujer de tu vida", etc.

Este es el juego entre los donjuanes y las doñaineses. La clave para ganar esta guerra sería no participar en ella. Si las mujeres monógamas no se enamorasen de los donjuanes, no sufrirían por amor. Si no aspirasen a ser la virtuosa doña Inés, no se frustrarían tratando de domesticar al donjuán.

Si caemos en la trampa es porque para nuestro ego resulta muy tentador creer que podemos cambiar a alguien solo porque somos maravillosas. Y nos conviene pecar de ingenuas y creernos el cuento de que el amor te cambia la vida, el amor lo puede todo, y nosotras nos merecemos que un hombre lo deje todo por nosotras.

Esto nos frustra mucho, porque la realidad es que los donjuanes no dejan nunca de serlo. Solo disimulan, agachan la cabeza en la ceremonia nupcial haciendo que juran fidelidad eterna ante el cura mientras planean su primera escapada.

No se trata solo de que nosotras no podemos hacer nada para fortalecer la fragilidad de la masculinidad patriarcal, que necesita variedad y cantidad de conquistas para reafirmar su virilidad una y otra vez. Se trata de que tenemos que aceptarnos tal y como somos: no es justo pedirle a nadie que cambie su forma de ser para que encaje en nuestro modelo amoroso ideal.

Tampoco es justo que los hombres tomen por norma engañar a sus esposas para que ellas no disfruten de una vida amorosa y sexual diversa. Para poder construir relaciones sanas y bonitas, los hombres tendrían que trabajarse mucho el tema de la honestidad y aprender a relacionarse con las mujeres desde el compañerismo. Tendrían que hacer toneladas de autocrítica para dejar de utilizarnos como trofeos de caza, para aprender a comunicarse con sinceridad, para aprender a cuidar a su(s) pareja(s), para vernos como a iguales, para aumentar su autoestima, para explorar otras formas de ser hombre.

Nosotras también tenemos que trabajarnos mucho el rol de cazadoras de machos alfa y de doñaineses. Si lo que queremos es un compañero honesto, no busquemos al donjuán para luego tratar de cambiarlo o para sentarnos a esperar *el milagro*.

Tenemos que elegir bien a los compañeros con los que queremos compartir un trocito de nuestras vidas: necesitamos hombres libres que no nos traten como a enemigas, que puedan disfrutar del amor sin miedos, que puedan desnudarse y compartirse. Que no se sientan obligados a hacer demostraciones constantes de su hombría, que sepan usar su poder sin dominar y sin hacer daño a nadie, que revisen sus privilegios, que busquen otros modelos de masculinidad, que construyan su propia identidad al margen de los mandatos de género.

Dejar a un lado a los donjuanes es un acto de resistencia contra el patriarcado: sin las mujeres, los donjuanes no valen nada, no existen, no pueden ejercer su poder sobre nadie. Los donjuanes se alimentan de la admiración, del deseo, del amor de las mujeres a las que utilizan y luego rechazan, por eso es tan importante que las mujeres *heteras* no perdamos el tiempo con ellos y empecemos a relacionarnos con los hombres rebeldes que desobedecen al patriarcado. No son muchos, pero *haberlos, haylos*.

CAPÍTULO 7
POR EL INTERÉS TE QUIERO, ANDRÉS

Nuestras relaciones amorosas son interesadas: en ellas cada cual tiene sus necesidades, sus apetencias, sus deseos. El amor romántico es producto del individualismo burgués y el capitalismo occidental, por eso nuestras relaciones son muy utilitarias: hay familias en las que nadie quiere cuidar de los abuelos, pero todo el mundo quiere recibir la herencia. Hay socios que no quieren trabajar pero exigen compartir los beneficios de la empresa que han montado con otra persona. Hay conocidos que se posicionan como amigos cuando nos va bien, y desaparecen cuando nos va mal. Hay seductores de ricas herederas, hay seductoras de ricos herederos, hay amigos que nos permiten entrar en el círculo de los poderosos, o escalar puestos en la jerarquía social.

La mayor parte de nuestras relaciones son interesadas; también las relaciones sexuales y sentimentales, que están construidas desde el mito de la complementariedad. Este mito nos junta en dúos de dependencia mutua en la que cada cual asume un rol contrario al otro: yo cambio los pañales, tú cortas el césped. Yo hago la comida, tú arreglas el coche. Yo limpio el váter, tú juegas al fútbol con el niño. Yo plancho, tú limpias el tejado.

El mito de la complementariedad de la unión heterosexual nos hace creer que somos dos mitades imperfectas que solo se completan cuando se enamoran y se unen para fundar una familia feliz. Si a los hombres no se les enseña a cuidarse a sí mismos ni a cuidar a los demás, si no aprenden a realizar las tareas básicas para la supervivencia (cocinar, limpiar, curar, organizar, administrar los recursos), siempre necesitarán una criada-esposa que sea también enfermera, cocinera, psicóloga, secretaria, empleada doméstica, educadora, modista, animadora y trabajadora sexual. Cuando los hombres no logran emparejarse con una mujer enamorada que trabaje gratis para ellos, tienen que pagar a profesionales que cubran estas necesidades básicas.

Lo mismo nos sucede a nosotras con todo lo relacionado con la mecánica, la electricidad, la fontanería, el bricolaje, la albañilería y el mantenimiento de una casa: no nos enseñan estas artes para que no gocemos de plena autonomía y necesitemos siempre a un hombre que se encargue de estas tareas.

El espacio femenino tradicional es la casa y la cocina, y el espacio público pertenece a los hombres. Ellos están en los parlamentos, en las empresas, en los bancos, en los medios de comunicación. Son los que tienen el poder, los que toman decisiones, los que imponen sus normas y los que dominan a las mujeres. Ellos son los que ganan el dinero, nosotras las que, además de ganar dinero, trabajamos gratis. Ellos producen, nosotras nos encargamos de la producción y la reproducción. Ellos tienen más tiempo libre y más dinero, nosotras tenemos la doble y la triple jornada laboral. Así nos quiere el patriarcado, atados los unos a los otros en relaciones de dependencia mutua, y a nosotras siempre debajo.

Los hombres se quejan a menudo del interés exacerbado que tenemos las mujeres por el dinero, pero yo me pregunto: si somos las que más sufrimos el desempleo, la precariedad y la pobreza, ¿cómo no vamos a estar interesadas en el dinero? La mayor parte de los chistes machistas están basados en esa imagen de la mujer insaciable que se arrima a un hombre por el interés, la mujer ambiciosa y egoísta que solo piensa en sí misma y en sus necesidades, la *mujer mala* que solo quiere tu dinero para arruinarte y destrozarte el corazón.

La historia de la humanidad está marcada por la lucha de los seres humanos por el acceso a la tierra y a los recursos, fundamentales para la supervivencia. En un mundo en el que los bienes estuvieran bien repartidos, no habría escasez, ni jerarquías, ni desigualdad, ni violencia. Pero lo cierto es que no lo están. Los hombres son propietarios de la mayor parte de las tierras, el dinero y los medios de producción y comunicación.

A nosotras nos pagan menos, sufrimos más la precariedad y la explotación laboral, nos echan del trabajo cuando nos embarazamos, tenemos doble y triple jornada laboral y somos más pobres en todo el planeta. Otro dato interesante es que la mayor parte de las mujeres multimillonarias lo son por herencia paterna o por matrimonio, no porque hayan logrado acaparar tantos recursos como un hombre multimillonario.

Este acaparamiento de recursos y poder por parte de unos pocos hombres es la causa de la pobreza y la desigualdad. Y es, también, el motivo por el cual los hombres más ricos son los que más mujeres tienen a su alrededor. Cuantos más ceros en la cuenta bancaria, más jóvenes son esas mujeres, y más disponibles están para ellos. La cultura patriarcal siempre ha mitificado a los hombres poderosos, protagonistas de la mayor parte de las películas y envidiados por los demás hombres, que también querrían ocupar las esferas más altas de la jerarquía patriarcal y capitalista.

Las mujeres, mientras tanto, tratan de salir de la pobreza mediante el matrimonio. El amor romántico es una trampa que nos hace creer que todas somos potenciales princesas dignas de ser descubiertas, amadas y llevadas al palacio en el que nunca más sufriremos la angustia de la precariedad y la pobreza.

Para que no veamos la dependencia mutua o la jerarquía del poderoso y la necesitada, el capitalismo lo cubre todo con el velo del romanticismo patriarcal. Lo llamamos amor cuando en realidad es necesidad, y esto seguirá siendo así mientras las mujeres no tengamos autonomía económica para poder relacionarnos con los hombres libremente.

CAPÍTULO 8
'NENA, NO TE ENAMORES DE MÍ':
MI NOVIO ES UN MUTILADO EMOCIONAL

"Nena, no te enamores de mí". Es la frase favorita que nos sueltan después del primer polvo los mutilados alfa, esos chicos guapos que presumen de su discapacidad emocional y sentimental. Se caracterizan porque se sienten muy deseables, y se enorgullecen de su soltería y de su aspecto de "chicos duros". No les avergüenza su *problema*, para ellos es un signo de virilidad: cuanto más duros e insensibles, más machos se sienten.

No se desnudan para hacer el amor ni para intimar. Puede que se quiten la ropa para follar, pero no la coraza: no quieren complicarse la vida, no quieren sufrir, no quieren mostrar su vulnerabilidad y sus miedos, no quieren perder su libertad, no quieren comprometerse, ni compartirse, ni intimar, ni profundizar en una relación.

"No te enamores de mí" es una frase cargada de información. Contiene indicaciones, consejos, advertencias, amenazas y se entona con un pelín de soberbia y otro poquito de victimismo. Cuando dicen eso ya sabes que te están dando a entender que los pobres lo pasaron muy mal en algún momento de su vida, y en un arrebato de generosidad, te cuentan, por ejemplo, que sufrieron mucho con la traición de una novia a la que amaban con toda su alma y que se marchó con su mejor amigo allá por los años noventa del pasado siglo, pero no han podido superarlo. Desde entonces no confían en el amor ni en las mujeres, y, con tono paternalista, dicen que prefieren ser sinceros para evitar malentendidos y para que no nos hagamos "ilusiones".

Pero no todos los machos alfa se cierran al amor para evitar el sufrimiento, también lo hacen por miedo, por pereza y, la mayoría, porque son machistas. La educación patriarcal mutila a los niños desde pequeñitos para que no expresen sus emociones (excepto el enojo y la rabia), y para que no muestren su vulnerabilidad. Les dicen: "los chicos no lloran", y pronto aprenden que llorar es "cosa de chicas". Para no ser comparados con ellas y para no sufrir el acoso de los demás chicos, tienen que reprimirse y disimular todo lo que sienten. A la mayor parte de los niños les enseñan desde pequeños a defenderse de las mujeres que quieren dominarlos utilizando sus encantos y sus armas de seducción. Les explican que las mujeres son todas unas *putas*, excepto su madre y algunas mujeres más de su familia (la abuela, la hermana, la tía). Las demás son todas *malas*: perversas, egoístas, caprichosas, codiciosas, ambiciosas, interesadas. El machismo educa a los niños para que jamás nos vean como compañeras. El amor es una guerra, y pierde el que se enamora. Nosotras somos las enemigas, y la batalla consiste en luchar para ver quién domina a quién. En todas las guerras hay perdedores y vencedores, y los mutilados emocionales siempre quieren ser los vencedores. Les aterra que los demás se rían de ellos, que cuestionen su virilidad, que los tachen de *calzonazos*. Saben que para poder llevar las riendas y los pantalones es fundamental defender su libertad y su autonomía a capa y espada.

También aprenden pronto, principalmente a través de las películas, que a las mujeres hay que someterlas para que no te dominen. Y el modo más eficaz es enamorarlas sin enamorarte: cuando las mujeres sufren, es más fácil tenerlas a tus pies. Cuanta menos importancia les des, más desearán ser amadas. Cuanto más desprecio y malos tratos reciban, con más devoción se entregarán.

"Nena, no te enamores de mí" es la frase de aquellos que piensan que si te has acostado con ellos es porque eres como todas. Y ellos lo que anhelan es encontrar a su princesa vestida de rosa, esa chica dulce, sumisa, tranquila, obediente, devota del amor y del hombre al que ama. La mujer que no los traicionará jamás y que vivirá por y para ellos.

Mientras llega la media naranja, el macho alfa se entretiene con mandarinas: se acuesta con todas las que le apetece, pero a ninguna entrega su corazón. Así son los héroes masculinos de nuestra cultura: llaneros solitarios, guerreros, viajeros, aventureros, hombres libres con misiones importantes en cuyas historias las mujeres aparecemos como recompensa a su valentía y a su esfuerzo. Nuestro papel es siempre secundario y nuestra función es engrandecer todavía más su figura con nuestro amor incondicional, nuestra fascinación y nuestra necesidad de ser amadas.

"Nena, no te enamores de mí" es la señal para detectar al chico que se siente poderoso, atractivo y capaz de enamorarlas a todas. No les da miedo parecer unos creídos: saben que a las chicas les encanta el niño asustado que se esconde tras el tipo duro que luce con orgullo su coraza emocional. Todas las protagonistas de las películas conectan con ese niño asustado, se apiadan de él, se muestran comprensivas, se derriten de ternura, sueñan con protegerlo y cuidarlo, sueñan con curarlo y salvarlo con toneladas de amor verdadero. En la ficción, todas lo consiguen.

En la realidad, no. El coste de relacionarse con un mutilado emocional es altísimo para las mujeres de carne y hueso. Muchas nos hemos creído el cuento de que si tenemos paciencia lograremos convencerlo de lo bonito que es el amor y lo especiales que somos. En eso se nos van la energía y el tiempo mientras vivimos la no-relación: en demostrar al macho alfa que no somos como todas, en persuadirlo de que nosotras sí merecemos ser amadas. Es un pensamiento machista que perpetúa el odio hacia las mujeres y entre las mujeres.

"No te enamores de mí" es una frase que nos obliga a elegir: o lo tomas, o lo dejas. Si decidimos quedarnos, tendremos que aceptar sumisamente el tipo de no-relación que nos están proponiendo. En una no-relación no hay compromiso, ni negociaciones, ni responsabilidad; no hay exigencias ni reproches. No importa si la no-relación dura un mes, un año o diez: ellos están convencidos de que no quieren pareja. Aunque la tengan.

Los mutilados emocionales son unos chicos muy sinceros: no nos engañan. No van a enamorarse, da igual lo que hagamos y lo que sintamos: si nosotras nos enamoramos, no es su problema. Ellos no van a dar los pasos típicos del noviazgo, no van a conocer a nuestra familia, ni nosotras a la suya, no van a presentarnos a sus amigos y amigas, no nos van a otorgar el estatus de pareja oficial. A su gente le dirán de nosotras: "es solo un rollo", "es la tía con la que follo", "es solo sexo", "no significa nada para mí", "no quiero nada con ella", "no es nadie en mi vida".

"No te enamores de mí" es una frase que provoca en las mujeres diferentes reacciones. Unas salen corriendo espantadas, otras se decepcionan, se cabrean o se mueren de la pena. Unas se ríen a carcajada limpia y lo dejan plantado en calzoncillos; otras no hacen ni caso. Algunas se ofenden y contestan, con ironía, que qué les hace pensar que ellas van a enamorarse. Y se construyen un muro igual de alto que el de su compañero sexual.

También están las románticas que creen en el milagro del amor y se dicen a sí mismas: "Yo le demostraré que no soy como las demás mujeres, le haré creer en el amor, le enseñaré a amar de nuevo, en mí sí podrá confiar, yo le quitaré los miedos, le envolveré en cariño y placer, le haré ver que la vida merece la pena cuando hay amor".

Y luego están las que se aburren en las relaciones felices y se excitan cuando escuchan la frase mágica porque creen que las están invitando a luchar. Su ego reacciona con soberbia: "¿Yo, enamorarme de ti?, veremos quién se enamora de quién, acabarás de rodillas, bonito, pidiendo amor, ya lo verás".

Así es como las mujeres caemos en las trampas del patriarcado y nos arrastramos detrás de los hombres. No hace falta que nos obliguen: nosotras nos arrodillamos voluntariamente ante el héroe y nos sentimos muy agradecidas por haber sido las elegidas para follar de vez en cuando.

El masoquismo romántico se mezcla con el rol femenino de los cuidados. Basta con que nos den un poco de pena para que nos pongamos maternales y nos creamos las salvadoras. Nos encanta ayudar, porque así nos sentimos imprescindibles: nos hemos creído el cuento de que si los ayudamos a solucionar sus problemas, si los amamos incondicionalmente, si los sacamos de la miseria, nunca dejarán de amarnos, porque estarán eternamente agradecidos.

¿Merece la pena tener una relación o una no-relación con un mutilado emocional? Rotundamente, no. Nuestras energías son limitadas, y nuestro tiempo de vida es muy corto: tenemos apenas unos años para vivir, para aprender, para gozar, para explorar, para crecer, para llevar a cabo nuestros sueños y nuestros proyectos. No podemos malgastarlos en relaciones en las que no podemos ser nosotras mismas, en las que tenemos que disimular, reprimirnos, mutilarnos nosotras también. No compensa estar con alguien que solo nos pone obstáculos, muros y prohibiciones. No compensa juntarse con alguien que impone sus normas y sus muros de protección, y no nos pregunta qué tipo de relación nos gustaría construir. No compensa empezar una relación basada en el miedo, la desconfianza, la desgana y la represión. No se puede ser feliz al lado de alguien que no sabe o no quiere disfrutar del amor y de la vida.

Para poder disfrutar hay que estar abierta, apasionarse, ilusionarse, moverse, desmontarse, cuestionarse, crecer y transformarse. Hay que vivir, atreverse, desnudarse y hay que tener herramientas para poder disfrutar del aquí y del ahora. Y no se puede estar bien con alguien que nos coloca en una posición de inferioridad, que no nos cuida, que no nos da importancia, que nos cierra puertas, que no nos trata como a compañeras.

Una relación tan limitada resulta agotadora y demasiado dolorosa porque hay que estar constantemente trabajándose la autoestima para no sentirse "poca cosa" al lado de alguien que nos trata como si fuéramos "poca cosa".

Cuando un chico nos prohíbe enamorarnos de él, es el mejor momento para rebelarse y poner el feminismo en práctica. Si queremos acabar con el patriarcado, tenemos que dejar de aceptar las migajas de amor que nos ofrecen y huir de las relaciones desiguales en las que hemos de aceptar las condiciones que nos impone el otro.

Para aplicar el feminismo al terreno de las relaciones sexuales, afectivas y sentimentales, tenemos que acabar con la estructura hegeliana del amo y el esclavo, y crear las condiciones para poder relacionarnos horizontalmente. Hay que acabar con las jerarquías del amor: no importa el grado de compromiso que adquiramos con nuestras parejas, lo importante es siempre el respeto, los cuidados y el buen trato.

Las mujeres ganaríamos mucho si lográsemos liberarnos de la necesidad de ser amadas y del miedo a la soledad, porque ambos miedos nos hacen dependientes de los hombres y nos sitúan siempre en una posición de sumisión que nos lleva a aceptar relaciones en las que no somos felices.

Este mito de la transformación mágica del amor nos hace perder mucho tiempo y muchas energías a las mujeres: los mutilados nunca se enamoran, ni al principio, ni al final. La mayor parte de ellos está esperando a su princesa, y tienen muy claro que no eres tú, por mucho que te empeñes en agradarlo y en enamorarlo. Los mutilados emocionales se merecen quedarse solos o juntarse con tacaños como ellos: los demás nos merecemos relaciones en las que poder disfrutar libremente. No merece la pena esperar mil años como las princesas de los cuentos: la vida es muy corta y hay que vivirla rodeada de las mejores compañías.

CAPÍTULO 9
LAS SUPERMUJERES Y LAS CHICAS MALAS

Para el patriarcado existen dos tipos de mujeres: las buenas y las malas. Las mujeres buenas son aquellas que se esfuerzan en cumplir todos los mandatos de género de la feminidad para ser aceptadas y deseadas por los hombres. Las mujeres malas son todas aquellas mujeres libres que desobedecen las normas del patriarcado, rompen con los estereotipos y no cumplen su rol tradicional.

Nosotras estamos tratando de ser las dos cosas al mismo tiempo: queremos ser las putas y las princesas, todo a la vez. Pero no nos dejan.

El mito de las supermujeres nos tiene a todas agotadas: el siglo XXI nos ofrece un modelo de *mujer buena* que condensa en una sola figura todos los modelos de mujer a la vez: la mujer tradicional, la moderna y la posmoderna. Se nos exige que seamos buenas cocineras y amas de casa como nuestras abuelas, buenas profesionales como nuestras madres y que estemos a la moda como nuestras hijas.

La mayor parte de nosotras hemos sido educadas para ser las mejores en todo, por eso nuestros niveles de autoexigencia son tan altos. No nos conformamos con estar sanas y guapas: además queremos ser las mejores en todo. Queremos ser excelentes profesionales, las mejores amantes, novias y esposas; también queremos ser las mejores hijas, las mejores madres, las mejores nietas, las mejores hermanas y las mejores amigas de nuestras amigas.

Este mito de la *superwoman* nos quiere hace creer que podemos con todo: trabajar, ir al gimnasio, dedicar tiempo a los hijos, poner lavadoras, planchar y cocinar la cena y la comida del día siguiente, pasear al perro, hacerle terapia a tu amiga que está pasando un mal momento, visitar a tu madre y hacerle un par de recados, ir a clases de inglés, visitar al dentista, regar las plantas y, al final del día, antes de derrumbarte, hacer el amor con tu pareja, todo ello sin perder el buen humor y la alegría de vivir.

Sin embargo, no es cierto que podamos con todo. No nos alcanzan las horas del día; la conciliación de la vida laboral y la vida personal y familiar es un cuento de hadas con el que nos engatusan para que creamos que se puede trabajar diez horas diarias, dedicar dos o más al transporte, otras cuatro para trabajar en la casa, una más para pasear al perro, otras cuatro para cuidar a tu familia, dos para cuidarte tú, y tener tiempo además para dormir tus siete u ocho horas.

No nos salen las cuentas, el día no tiene treinta horas. De ahí que nos frustremos tanto: nunca cumplimos cien por cien con los mandatos de género ni con nuestras propias expectativas sobre lo que nos gustaría ser o deberíamos ser, porque es materialmente imposible. Nunca damos la talla, y empleamos demasiada energía en intentar obtener el reconocimiento de los demás, lo que nos genera aún más frustración e impotencia.

Esta impotencia nos hace sentir culpables ("no me esfuerzo lo suficiente"), nos lleva a sentir envidia de las demás ("cómo harán ellas para ser tan divinas"), nos provoca una constante ansiedad y nos deprime profundamente. Una mujer que compite por "ser la mejor" es más útil para el capitalismo patriarcal que otra que se dedica a luchar por "un mundo mejor para todas". Una mujer que no se somete a los mandatos de género es una mujer peligrosa, porque revoluciona la sociedad entera.

¿Y cómo son las mujeres peligrosas? En nuestra cultura se representan como mujeres dominantes, manipuladoras, perversas, desobedientes y castradoras. La primera *mujer mala* fue Lilith, y la segunda, Eva. Ambas se atrevieron a desobedecer a Dios y a pervertir a Adán. Por culpa de su desobediencia (y la de Pandora), las demás mujeres tenemos que cargar con el castigo que nos impuso Dios.

A lo largo de la historia de la humanidad ha habido numerosas formas para representar a la *mujer mala*: las indomables amazonas, la terrible Medusa, la poderosa Kali, la monstruosa Lamia, Perséfone, la reina del Inframundo... las mujeres libres siempre han sido representadas como bestias salvajes, hienas despiadadas, sirenas peligrosas, harpías y vampiresas que chupan la sangre a los hombres y les destrozan el corazón.

En todos los relatos, las *mujeres malas* son castigadas con la muerte, la enfermedad, la pobreza, el ostracismo social. Todas pagan un alto precio por su libertad y su independencia, como la marquesa de Merteuil en *Las amistades peligrosas*, condenada a la fealdad (por la viruela) y repudiada por la sociedad, mientras el conde Valmont es absuelto por el narrador y no recibe ningún castigo.

La Regenta, Madame Bovary, Anna Karenina... la mayor parte de las heroínas que se atreven a cuestionar los mandatos de género y se rebelan contra la opresión de las mujeres se encuentran con finales turbios como la muerte, la cárcel, la enfermedad o la soledad. Los narradores son hombres en su mayoría, y son casi todos implacables:

las mujeres desobedientes de sus historias son castigadas para que no cunda el ejemplo.

Pero las *malas mujeres* de carne y hueso también reciben su castigo. Unas son asesinadas por sus compañeros o sus excompañeros, otras son apedreadas en público hasta morir, otras son violadas en grupo, a unas se las empala y se las descuartiza, a otras se las expulsa de su familia o de su comunidad.

En nuestra cultura patriarcal las únicas víctimas que son culpables de sufrir violencia son las mujeres. "Si se hubiesen vestido decentemente...", "si no hubiesen abandonado a su marido...", "si hubiesen sido obedientes...". La violencia machista se justifica porque los hombres se ven "obligados" a actuar cuando las mujeres no se portan bien.

Nosotras interiorizamos toda esa violencia y la aplicamos contra nosotras mismas. El patriarcado nos anima a destrozarnos mitificando a todas las mujeres sufridoras que se han autolesionado, que se han autotorturado y que se han suicidado. Cuando nos maltratamos a nosotras mismas, le estamos ahorrando un enorme trabajo al patriarcado, y en el fondo estamos obedeciendo uno de sus mandatos principales: que desaparezcan las mujeres desobedientes que no se adaptan al sistema.

Amy Winehouse es el ejemplo de la mujer hipersensible que se autodestruye con drogas, alcohol y fiestas. Una mujer exitosa que se sentía sola e incomprendida, que sufría mucho y que se suicidó en la cumbre del éxito. Es una lección que no debemos olvidar las demás: si tienes éxito, si te desvías de la norma, si no cumples con los estereotipos y los roles de género, si te vistes como quieres, si llamas la atención y pretendes diferenciarte de las demás, entonces lo más probable es que encuentres la muerte en tu camino.

Afortunadamente, hay mujeres malas que se libran de la maldición y deciden seguir vivas y ser felices. Madonna, por ejemplo, es una mujer exitosa que se dedica a lo que le gusta, gana dinero con ello, tiene los novios o amantes que quiere, tiene un cuerpazo tremendo, baila como una diosa y no ha tenido que autodestruirse para ser un icono pop del siglo XX.

Lo cierto es que estamos más guapas vivas, desobedeciendo al patriarcado, luchando, creando, aportando, amando... el planeta está lleno de mujeres libres y felices que se quieren mucho a sí mismas, que se cuidan bien y que cuidan a las demás mujeres a su alrededor.

Si nuestra cultura nos quiere sufriendo y en guerra contra nosotras mismas, la mayor rebeldía consiste en estar bien, en ser feliz, en cuidarnos mucho, cumplir muchos años y ser generosas para contagiar a las demás nuestra alegría de vivir. Si el patriarcado nos quiere frustradas y compitiendo entre nosotras, si nos quiere en guerra con el mundo y contra nosotras mismas, entonces es obligatorio que nos rebelemos y superemos la falsa elección entre ser *mujeres buenas* o *mujeres malas*. Tenemos que reivindicar nuestro derecho a ser como queramos ser, y a no ser encajonadas en estereotipos que nos elevan a los cielos o nos condenan al infierno.

CAPÍTULO 10
LA GUERRA DE LOS SEXOS, EL AMOR ROMÁNTICO Y LA VIOLENCIA MACHISTA

Cuando las mujeres nos rebelamos, empiezan los conflictos y la lucha de poder con la pareja y nuestro entorno familiar: como todo grupo dominado, las mujeres generamos unas resistencias al patriarcado que van aumentando conforme nos empoderamos individual y colectivamente. A medida que nuestra autoestima y nuestra confianza aumentan, disminuye nuestra dependencia emocional.

Muchos hombres se resisten a cambiar las condiciones del juego: en sus planes no está renunciar a todos sus privilegios de reyes absolutistas. Otros aprenden a negociar y asumen que en una democracia familiar ya no pueden tomar las decisiones unilateralmente. Gracias a las leyes del divorcio del siglo XX, no tenemos por qué soportar los matrimonios infernales de nuestras abuelas, que tenían que batallar para hacerse respetar, para poder opinar, para tomar decisiones y para que ellos cumplieran al menos con sus roles de género (traer dinero a casa en lugar de gastarlo en prostitutas o en fiestas).

Sin embargo, y debido a los avances del feminismo, todavía hoy muchos hombres se sienten víctimas de una conspiración para someterlos y para quitarles sus privilegios. Hay una profunda resistencia a aceptar los cambios y admitir que seríamos todos mucho más felices si pudiésemos acabar con el patriarcado y construir nuevas formas de relacionarnos y de organizarnos más allá de la estructura de dominación y sumisión a la que estamos acostumbrados.

Los chistes machistas reflejan mejor que cualquier otro relato cómo se crea y se alimenta el patriarcado y el odio contra las mujeres. En ellos los hombres nos representan como interesadas, gastonas, mandonas, controladoras y desconfiadas. La frase "le pedí a los reyes una mujer como Dios manda y me trajeron una que manda como Dios" ejemplifica lo anterior. También diálogos "cómicos" como: "Cariño, mañana tengo cena de empresa. / Manolo, tú lo que quieres es irte de putas. / Pero, ¿qué dices, amor mío? / Manolo, que llevas un año en el paro, qué cenas de empresa ni cenas de empresa". Estos chistes no hacen sino perpetuar el mito de que los hombres siempre están intentando ponerle los cuernos a sus esposas y ellas siempre están vigilantes intentado pillarles *in fraganti* para aplicarles su merecido castigo.

En el imaginario colectivo, los hombres son unos niños traviesos, y las mujeres son madres que siempre piensan mal y aciertan. Madres que se cabrean mucho y te pegan con la zapatilla, te mandan a dormir al sofá tres noches y luego te perdonan "los pecadillos" porque te quieren y porque saben que no tienes remedio.

Este estereotipo de mujer-policía y mujer-carcelera viene de la cosmogonía de la Antigua Grecia. Zeus y su esposa Hera vivían en la guerra constante: Zeus busca chica guapa para ser infiel a Hera. Hera los descubre y planea la venganza, que generalmente recae sobre la víctima de Zeus, quien si no podía conquistar a una mujer, la violaba. Estos y otros relatos del patriarcado culpabilizan a las mujeres de las infidelidades de los hombres. A las esposas, porque no los vigilan lo suficiente, y a las demás, porque son unas *robamaridos* y unas seductoras malvadas. Hera vive muy entretenida persiguiendo y perdonando a su marido: ni se le pasa por la cabeza mandarle a freír espárragos y hacer su vida. Prefiere vivir así, en guerra permanente contra Zeus, amargada y cabreada todo el día, en lugar de liberarse y disfrutar de la vida sola o con su gente querida.

La idea del matrimonio como una prisión (en el que las mujeres somos las carceleras y los hombres, los presos) perpetúa el machismo porque es una forma de alimentar la guerra contra las mujeres, en la que nosotras somos las tiranas (las malas), y los hombres son los rebeldes que luchan por ser libres (los buenos).

La guerra de sexos está basada en un juego sucio en el que "todo vale" para dominar a la pareja y sobre todo, para no dejarse dominar. Es una forma de relacionarse basada en tres refranes populares que legitiman la violencia pasional:

- Del amor al odio hay un paso
- Los que más se pelean, más se desean
- Quien bien te quiere te hará llorar

Estos refranes perpetúan la idea de que hombres y mujeres somos muy diferentes y por eso nos peleamos y tratamos de dominarnos los unos a los otros. Por eso nos hacen creer que es *normal* odiar y maltratar a alguien a quien quieres, bajo la excusa de que tanto el amor como el odio son sentimientos muy intensos, y los hombres a veces no saben controlar sus emociones, sobre todo cuando nos quieren mucho. Cuanto más nos aman, más nos pegan, más nos controlan, más nos regañan, más nos maltratan. Esta lógica es la que justifica a los asesinos de mujeres: la mató porque no soportó la idea de perderla, o porque ella quería abandonarlo, o porque tenía un amante. Asesinar a las mujeres es un acto de amor: eso es lo que nos venden los medios de comunicación tradicionales y machistas cuando utilizan el término "crimen pasional" para hablar de feminicidios.

Pero la cruda realidad es que la guerra contra las mujeres se cobra miles de víctimas al año. Para mantener sus privilegios, muchos hombres siguen utilizando la violencia psicológica, emocional y física, que lleva en muchos casos a la muerte. Una violencia silenciada durante siglos que ahora ve la luz gracias a la lucha feminista. El machismo justifica los feminicidios tratando de culpabilizar a las víctimas. No sucede con otro tipo de violencias: nunca se responsabiliza a los asesinados por el terrorismo yihadista, por ejemplo, pero sí a las mujeres que son violadas o asesinadas. Muchos encuentran una justificación a los feminicidios en la ropa que llevamos, en el alcohol, en que caminamos solas por la noche, en que queremos acabar con la familia tradicional, en que llevamos a los hombres a situaciones de gran estrés emocional y por nuestra culpa enloquecen y acaban desesperados...

Lo cierto es que los hombres tienen un grave problema con su masculinidad. Cuanto más frágil es, más violentos son. Cuanto más inseguros, más atacados se sienten por todos los avances de la lucha feminista. Muchos nos acusan de querer hacer con ellos lo mismo que hacen con nosotras, por eso todo el tiempo tenemos que explicarles que no queremos mutilar sus genitales, que no queremos encerrarlos en casa, que no queremos hacerlos trabajar gratis para nosotras, que no queremos pagarles menor salario, que no queremos acosarlos por la calle, que no vamos a someterlos, ni a traficar con sus cuerpos, ni vamos a violarlos.

Existen grupos de hombres en muchos países que ya han empezado a trabajar individual y colectivamente para despatriarcalizarse. Hacen concentraciones de hombres contra la violencia machista, se responsabilizan de su parte en las tareas domésticas, disfrutan de la paternidad y de la crianza, se miran por dentro y se cuestionan, y se lo trabajan para construir relaciones libres e igualitarias con sus compañeras y con los demás hombres. Hacen falta muchos más como ellos, aliados del feminismo que están demostrando que otras masculinidades son posibles, que hay muchas formas de ser hombre y que es urgente liberar a las nuevas generaciones del patriarcado para que puedan construir su identidad de género al margen de los mandatos, los mitos y los roles del machismo. Queda mucho trabajo por hacer, pero lo importante es que ya han empezado. Son muy pocos, pero son cada vez más.

CAPÍTULO 11
LA GUERRA CONTRA LAS MUJERES

Una de cada tres mujeres en el mundo ha sufrido violencia alguna vez. En México, siete mujeres son asesinadas al día. En Argentina, una cada 23 horas. Cada ocho horas una mujer denuncia una violación en España. 200 millones de mujeres en el mundo sufren mutilación genital, 3 millones más cada año. Muchas mueren por infecciones, otras viven condenadas a sufrir dolor en sus genitales durante toda su vida.

La violencia que sufrimos las mujeres es muy diversa y muy compleja. Sufrimos violencia obstétrica en nuestros embarazos, partos y pospartos. Nos cosifican en todos los medios de comunicación, somos acosadas sexualmente a diario en las calles, en los lugares de trabajo, en los espacios de ocio, en las luchas sociales y en los movimientos políticos. Trabajamos el doble que los hombres, cobramos menos que ellos, nos despiden si nos quedamos embarazadas, sufrimos más la precariedad laboral y el desempleo. Estos son algunos datos que nos proporciona ONU Mujeres sobre la guerra que se libra contra nosotras en todo el mundo.

La guerra contra las mujeres está basada en dos objetivos estratégicos: uno, que todas batallemos contra nosotras mismas; dos, que luchemos también contra las demás. El primer objetivo se logra minando nuestra autoestima para convencernos de que somos imperfectas, feas, viejas, gordas o peludas. El segundo se consigue fomentando la competitividad entre las mujeres, haciéndonos creer que nosotras somos nuestras peores enemigas, que tenemos que competir entre nosotras por la atención de los hombres y que somos malas personas que no sabemos comportarnos cuando estamos juntas. Por eso es tan frecuente escuchar cosas como: "no hay nada peor que trabajar con mujeres, son todas unas chismosas", "las mujeres se tratan fatal entre ellas", "las mujeres son más machistas que los hombres". Y es cierto, esta guerra contra nosotras es real, y cotidiana, y está basada en el: "divide y vencerás", "machaca la autoestima y vencerás", "domina y somete, y vencerás". Por eso quererse bien a una misma y querer a las demás es un acto de desobediencia civil, y una forma de resistencia política ante la guerra que el capitalismo y el patriarcado sostienen contra nosotras.

Paralelamente, la industria de la belleza nos bombardea a diario y por todas las vías posibles: cuñas de radio, reportajes en revistas "femeninas", anuncios en vallas publicitarias, programas de televisión, anuncios en redes sociales... En todos ellos nos animan a torturarnos voluntariamente bajo la amenaza de que sin belleza no valemos nada. También los medios de comunicación tratan de convencernos de que nos faltan muchas cosas que pueden comprarse con dinero, y de que tenemos muchos problemas que pueden arreglarse si una realmente lo desea y se esfuerza lo suficiente. Por eso nos animan a luchar contra los kilos, las arrugas, los pelos, y todas las "imperfecciones" ofreciéndonos diversas soluciones para ganar la batalla contra nosotras mismas. Y nosotras nos arrancamos los pelos, pasamos hambre, compramos medicinas milagrosas y productos mágicos, sudamos en el gimnasio y nos sometemos a todo tipo de tratamientos de belleza y cirugías invasivas.

El motivo por el que lo hacemos es que la tiranía de la belleza, como cualquier religión, nos asegura que el dolor y el sacrificio merecen la pena: cuanto más suframos, más bellas estaremos y más admiración y envidia despertaremos en los demás. De nuevo, el sufrimiento nos lleva al paraíso. El infierno, por el contrario, es la soledad: la amenaza constante de quedarnos solas con nuestra fealdad, nuestra edad y nuestra grasa. La publicidad de la industria de la belleza fabrica las inseguridades, los complejos y los miedos que interiorizamos sin darnos cuenta (el miedo a envejecer, el miedo a quedarnos solas, el miedo al fracaso personal y profesional, el miedo a la invisibilidad social...).

Y a los publicistas no les falta razón: en el capitalismo patriarcal las mujeres guapas, jóvenes y delgadas tienen muchas más posibilidades de encontrar un buen trabajo (especialmente si es de cara al público) y de ganar más dinero. Además, las más bellas son las que consiguen emparejarse con los hombres más exitosos del planeta: futbolistas millonarios, actores famosos, empresarios y políticos situados en la cúspide del poder y la riqueza. No importa si ellos son gordos, viejos y feos: lo que importa es que tengan recursos de sobra para mantenernos. Eso es lo que los convierte en deseables: si nos eligen para acompañarlos, nos contagiamos de su poder y su fama, y dejamos de ser pobres y desconocidas. Como las princesas Disney cuando son elegidas por el Príncipe Azul.

Desde pequeñas nos inculcan el deseo de ser especiales y diferentes al resto para que jamás nos veamos como hermanas o compañeras y estemos siempre en guerra entre nosotras. Por eso las protagonistas de los cuentos están siempre solas, sin amigas, y muy necesitadas de amor y protección. Ni se salvan a sí mismas, ni se ayudan entre ellas.

Nos dicen que todo es posible, que el cambio está dentro de nosotras, pero no es cierto. Vivimos en un mundo que nos impone unos modelos de belleza irreales, e imposibles de alcanzar.

Para resistir al bombardeo que nos quiere esclavizadas a la industria de la belleza y dependientes del reconocimiento masculino, es fundamental crear redes de acompañamiento, redes feministas de afecto y solidaridad. Necesitamos unirnos para eliminar la violencia contra nosotras: solas no podemos acabar con el patriarcado. Tenemos que unirnos para defendernos, para promover el cambio social y político, para luchar por nuestros derechos y libertades, para construir un mundo más feminista, más pacífico y más amoroso. Vivas nos queremos.

CAPÍTULO 12
EL ARTE DE QUERERSE BIEN A UNA MISMA: AUTOCONOCIMIENTO Y AUTOCRÍTICA AMOROSA

Quererse bien a una misma es una cuestión política: es la primera rebelión feminista contra el patriarcado, que nos quiere en guerra contra nosotras mismas. Estar bien con una misma, conocerse bien, quererse bien y cuidarse mucho es, hoy en día, una revolución necesaria y urgente para acabar con la subordinación de las mujeres.

Para querernos bien tenemos que trabajar mucho la relación con nosotras mismas, con sentido crítico y desde una posición amorosa que nos permita conocernos mejor por dentro e identificar todo aquello que no nos hace felices, que no nos ayuda, que no nos gusta de nosotras mismas y que podríamos mejorar.

Habitualmente estamos más interesadas en la imagen que ofrecemos, la envidia y la admiración que despertamos en los demás, que en tratar de ser buenas, solidarias, generosas, amorosas. Y es curioso porque, en realidad, la admiración de los demás no nos ayuda en nada: lo que necesitamos es compañía, querer y que nos quieran.

Hay demasiadas personas preocupadas por perder peso y demasiadas pocas preocupadas por el machismo, el racismo, el clasismo, la xenofobia, la homolesbotransfobia, la gordofobia, el capacitismo y todas estas enfermedades de transmisión social. Y el motivo se encuentra en los mandatos de género, pues nos han educado para ser atractivas, pero no para desarrollar nuestra inteligencia, nuestra honestidad, nuestra solidaridad, nuestra valentía.

Apenas conozco gente cuyo objetivo en la vida sea trabajarse el egoísmo, el afán de dominar, la codicia, la insensibilidad ante el dolor ajeno, la envidia, la violencia, la capacidad para manipular o para mentir a los demás... muy pocas personas son capaces de hacer autocrítica y de analizar su comportamiento para ver si hacen daño a los demás: generalmente lo que nos preocupa es que los demás no nos hagan daño a nosotros.

Es urgente acabar con esta necesidad de reconocimiento externo, y aprender a tratarnos con el mismo amor y el mismo cariño con el que tratamos a los demás. Quererse bien a una misma es un acto transformador y revolucionario: para disfrutar de la vida es esencial que podamos disfrutar de nosotras mismas, cuidarnos, mimarnos, dedicarnos tiempo y atenciones como lo hacemos con nuestros seres queridos. Para relacionarnos con amor con nuestros cuerpos y nuestras mentes tenemos que parar la guerra interna que nos chupa las energías, el tiempo y los pocos recursos de los que disponemos.

Cuando aprendemos a querernos bien, dejamos de depender del reconocimiento externo y nos alejamos de la fantasía del príncipe azul y de las relaciones de maltrato y violencia. Cuando nos queremos bien nos responsabilizamos de nuestra salud física, mental y emocional, y de nuestra felicidad, lo que nos da mucha más autonomía y por lo tanto, más libertad.

Esta es la razón por la cual quererse bien a una misma es un acto de rebeldía política: porque cuanto más libres y empoderadas estamos, más difícil le resulta al patriarcado someternos. Cuanto más desobedecemos y cuanto más fuertes nos sentimos, más fácil nos resulta tomar decisiones que nos permitan cambiar, transformar o mejorar nuestras vidas y las de los demás.

CAPÍTULO 13
¿CÓMO USAS TU PODER EN EL AMOR?

¿Cómo usas tu poder? ¿Cómo consigues lo que quieres, deseas o necesitas de los demás? ¿Cómo te sientes cuando no lo logras? ¿Cuáles son tus estrategias para persuadir a tu gente conocida? ¿Y a la desconocida? ¿Te impones siempre, cedes mucho, o sientes que hay un equilibrio entre tus intereses y los de los demás? ¿Ejerces el poder desde la dominación o la sumisión? ¿Quién te domina, te explota o te oprime y a quiénes oprimes y explotas tú? ¿Cómo usas tu poder en tus relaciones de pareja? ¿Cómo te lo trabajas?

Este es uno de los temas más importantes del que nos ocupamos en el Laboratorio del Amor: la reflexión en torno a la forma en la que usamos nuestro poder: cómo lo regalamos, cómo lo ocultamos, cómo lo ejercemos sobre los demás, cómo nos posicionamos en la jerarquía del patriarcado y el capitalismo y cómo podríamos transformar el concepto de poder para transformar el mundo que habitamos.

Nuestra forma de organizarnos es piramidal: arriba unos pocos, abajo las grandes mayorías. Todos ocupamos una posición determinada en una jerarquía en la que siempre hay alguien por encima y por debajo de nosotros. En la cúspide de la pirámide están los pocos hombres blancos y occidentales que acumulan el ochenta por ciento de la riqueza en el mundo, y en el escalón más bajo están los más pobres del planeta Tierra. Debajo de ellos están las pobres, las negras y las indígenas, las mujeres de otras etnias que además acumulan sobre sus hombros otras categorías de opresión como la edad, la orientación sexual, las discapacidades, su estado de salud, la religión a la que pertenecen...

En cualquiera de las posiciones en las que estamos, ejercemos nuestro poder para evitar que abusen de nosotros, pero también utilizamos nuestro poder para abusar de los demás. Cada uno de nosotros tiene sus intereses, sus necesidades, sus apetencias, sus proyectos y su visión de mundo, y casi siempre chocan entre sí. Las relaciones humanas son tan conflictivas porque funcionan sobre la estructura de la dominación y la sumisión: desde ambas posiciones ejercemos nuestro poder, y a menudo esto significa entrar en batalla y que una de las dos personas gane sobre la otra.

Desde que nacemos vivimos inmersos en luchas de poder. Ya desde bebés tenemos que utilizar estrategias para pedir amor, alimento, calor, que nos cambien el pañal, que nos quiten el miedo, que nos presten atención. También los animales están sometidos a la crueldad de los seres humanos adultos: ellos son los más débiles, los que soportan patadas, malos tratos, hambre y sed, dolor, soledad obligada. Destrozamos su hábitat natural para construir hidroeléctricas o minas, para extraer petróleo, para obtener materia prima de los bosques y las selvas. Los secuestramos, los domesticamos, los exhibimos, los compramos, los vendemos, los regalamos, los utilizamos para que trabajen para nosotros, los ponemos a pelear a muerte para divertirnos, los explotamos reproductivamente para ganar dinero con sus crías, los abandonamos en cualquier sitio cuando nos aburrimos o los mandamos a dormir cuando molestan mucho. Y no nos sentimos culpables porque los animales son "cosas", propiedades con las que podemos hacer lo que queramos porque su vida no vale nada.

A los humanos nos encanta ejercer el poder, tener la razón, ganar todas las batallas, demostrar quién manda. Nos encanta que nos admiren, nos teman o nos obedezcan. Nos encanta que nos idolatren y que todo gire en torno a nosotros. No nos importa acumular riqueza mientras la mitad del planeta pasa hambre, solo pensamos en nuestro interés. Por eso hacemos la guerra y masacramos poblaciones enteras con bombas. Por eso nos hacemos la guerra dentro de las familias y las comunidades, y por eso también nos hacemos la guerra a nosotros mismos.

Estas luchas de poder nos quitan la mayor parte del tiempo y las energías que tenemos. Hacemos la guerra entre madres e hijas, padres e hijas, hermanos, compañeros del cole y del trabajo, y, por supuesto, con la pareja. En algunos casos ganamos nosotras las luchas de poder, en otros casos ganan los demás. Unos utilizan el juego sucio, otros batallan con las mínimas dosis de ética, empatía, generosidad y solidaridad que se requieren para que una relación funcione. No es fácil, porque desde la infancia nos enseñan a competir constantemente entre nosotros para ver quién saca mejores notas, quién es más listo, quién corre más, quién mete más goles, quién es más guapo, quién es más valiente, quién es más sexy, quién es más poderoso.

Lo mismo sucede cuando estamos en pareja. Desde el momento en que definimos el modelo de relación que queremos tener, empezamos a negociar y a pactar normas de convivencia y, en estas negociaciones, nadie quiere salir perdiendo.

Las mujeres hemos sido educadas para someter al amado con nuestras artes de seducción y con victimismo, y para exigir o mendigar amor. Los hombres han sido educados para someter a la amada utilizando sus encantos y su poder patriarcal, su capacidad para dominar e imponerse, su fuerza física y su violencia. Así las cosas, es bien complicado relacionarse desde el compañerismo: todas nuestras relaciones están basadas en estas luchas de poder en la que unos mandan y otros obedecen, y a veces alternamos estas posiciones según las circunstancias.

En las relaciones igualitarias también hay luchas de poder. Hay quien las saca a la luz, quien habla de ellas, quien bromea con ellas, quien se las trabaja. Pero la mayor parte de la gente no logra hablar de sus batallas y reflexionar sobre ellas. Simplemente se enfocan en lograr lo que necesitan utilizando los medios que hagan falta para lograr los fines.

Mientras sigamos dentro de las estructuras de la jerarquía patriarcal y capitalista, seguiremos unos arriba y otros abajo, alternando posiciones según el momento del día: en un lapso de veinticuatro horas podemos ser empleados sometidos, reyes de nuestro hogar, podemos ocupar posiciones directivas en un sindicato o estar sometidos al poder de un padre tiránico. Así es el poder, nos contaba Michael Foucault: un mecanismo de ida y vuelta en el que nos movemos y cambiamos de posición.

Unos usan su poder de forma autoritaria, absolutista y fascista, pero muchos otros lo utilizan para luchar por un mundo mejor. Unos usan su poder para acumular más poder, más recursos, más mujeres, más dinero. Otros, para ayudar a los demás. Vivimos en un mundo violento porque la mayor parte de nosotros solo sabe ejercer su poder utilizando la violencia física, emocional, sexual, psicológica, económica.

En estas guerras cotidianas, no todas las estrategias valen: no las que se utilizan para engañar, coaccionar, manipular a los demás. No las que hacen daño, ni las que se hacen con afán vengativo o destructivo.

Nos cuesta mucho verlo porque todos nos creemos que somos buenas personas y que nos merecemos todo lo que deseamos. No solemos pararnos a pensar si al intentar conseguir nuestros objetivos estamos perjudicando o haciendo daño a los demás. Y aquí reside la clave para pensar la ética del poder: ¿cómo podríamos ejercer el poder sin violencia y sin herir a la gente?

¿CUÁLES SON TUS ESTRATEGIAS?

Algunas de las estrategias que utilizamos para conseguir de los demás lo que necesitamos, deseamos o queremos son:

- Coacción: obligar a la otra persona o chantajearla. Por ejemplo, presionar e intimidar a alguien para que deje de hablar con su ex, para que le preste dinero, para que le conceda una cita, para que tenga sexo con nosotros, para que se enemiste con su familia, para que nos diga en todo momento donde está y qué está haciendo.
- Manipulación perversa: engañar, mentir, machacar la autoestima, confundir a la otra persona para que cambie de opinión, para que haga lo que queremos, para controlarla, para someterla, para manejarla según nos convenga. Por ejemplo: amigas que quieren enemistarte con otra amiga y utilizan mentiras

para hacerte creer que ella no te quiere y habla mal de ti. O contar una historia con partes inventadas para que los demás se compadezcan de nosotros y culpabilicen a la otra persona.
- Victimismo: chantajear emocionalmente, amenazar, arrojar toneladas de reproches y acusaciones, montar tragedias y dramas para hacer sentir culpable a quien no hace lo que nosotros queremos. Es el arte de dominar desde la sumisión: el victimista quiere dar pena y se exime de toda responsabilidad sobre sus actos y sus sentimientos para que el otro se sienta responsable de su bienestar y de su felicidad. En los casos más extremos, los victimistas se autolesionan y amenazan repetidas veces con "suicidarse". Son violentos y egoístas, pero con sus llantos y sus dramas se colocan en la posición del ser débil que necesita protección o dinero. Lloran, reprochan, patalean para que no les llevemos la contraria, para que los queramos como ellos nos quieren, para que estemos siempre atentas/os a sus necesidades y apetencias.
- Inacción: no hacer nada para ganar una batalla en la que se te pide que hagas algo, que cambies algo, que des algo. Por ejemplo: que nos pidan un favor y les digamos que sí sabiendo que no vamos a hacerlo. O hacer esperar a alguien a ver si se harta o se le olvida, o renuncia a sus propósitos. O no contestar cuando se dirigen a nosotros haciendo como que no nos damos por aludidos.
- Seducción: utilizar nuestros encantos para despertar su deseo. Pedir las cosas con una sonrisa, con amabilidad, con alegría. Hacer reír a la otra persona, hacerle sentir especial. Por ejemplo: que se enamoren de ti, que te den el juguete que tanto les

gusta, que te hagan mimos, que te suban el sueldo, que te concedan una cita, que te concedan una beca para poder estudiar, que te den ese puesto de trabajo, que te firmen ese papel, que te perdonen una infracción.
- Negociación: utilizar la asertividad para comunicar lo que queremos o lo que necesitamos. Hablamos desde nosotras mismas, de cómo nos sentimos, de cómo vemos la situación, sin utilizar el juego sucio: ni chantajes, ni mentiras, ni amenazas, ni tratar de meter miedo, ni tratar de dominar al otro con estrategias ocultas. Se trata de parar la batalla para sentarse a hablar evitando el victimismo, las coacciones, la violencia o la manipulación. Es una conversación que se realiza en horizontal, de tú a tú, con el corazón abierto y en estado de escucha activa y afectiva. Cuando logramos comunicarnos así, escuchando amorosamente, hablando con sinceridad y cuidando a la otra persona sin dejar de cuidarnos a nosotras mismas, entonces es posible pactar, ceder en algunas cosas, que la otra persona ceda en otras, que nadie salga perjudicado y que ambas se queden lo más contentas posibles con los acuerdos alcanzados.

¿CÓMO TRABAJAR MI PODER?

Yo me trabajo mi poder desde hace años, cuando empecé a leer sobre feminismo. He utilizado todas las estrategias explicadas anteriormente, y por eso intento desarrollar en mí cualidades como la asertividad, la empatía o la solidaridad con la gente con la que batallo. Mi objetivo es aprender a comunicarme mejor, a decir lo que siento, a ejercer mi poder desde una posición amorosa. Quiero llevar la teoría feminista a la práctica, a mi día a día, y así poder aprender a relacionarme en igualdad, desde el respeto y la empatía. Quiero transformar la manera en la que construyo y vivo mis relaciones con los demás, y aportar en la transformación política, económica, social, sexual y emocional del mundo en el que vivimos.

Tenemos que transformar el modo de organizarnos política, social y económicamente, para que unos pocos no se queden con todo. Pensar entre todos qué tipo de familias y comunidades afectivas queremos, qué tipo de parejas queremos construir, cómo podríamos vivir mejor todos, cómo podríamos distribuir los recursos equitativamente.

A continuación tenemos una serie de preguntas que nos pueden ayudar a trabajar el poder:

- ¿Me siento poderosa? ¿Qué privilegios tengo? ¿Cómo los uso? ¿Cómo domino a los demás?
- ¿Me estoy resignando? ¿Me estoy sintiendo humillada? ¿Me estoy dejando explotar? ¿Estoy dejando que otra persona me trate mal?
- ¿Qué ocurre cuando gano una lucha de poder? ¿Cómo afecta esto a los demás? ¿Cómo hacer para que mi poder no perjudique, no someta y no abuse de las personas con las que me relaciono? ¿Cómo puedo contribuir a que nos vaya bien a todos, y no solo a mí?
- ¿Cómo puedo trabajar mi ego para dejar de necesitar la admiración de los demás? ¿Por qué mi ego y mi autoestima se hunden si no tengo pareja? ¿Cómo potenciar mi autonomía para relacionarme desde la libertad y no desde la necesidad?
- ¿Cómo amar de forma desinteresada? ¿Cómo cuidar a la otra persona y cuidarme yo durante las

luchas de poder? ¿Cómo eliminar la necesidad de control y dominio sobre la persona que amo?
- ¿Desde qué posición pacto los términos de mis relaciones sexoafectivas? ¿Me pongo sumisa o dominante, victimista o agresiva? ¿Cómo negociar esos pactos sin que nadie tenga que ceder en todo? ¿Cuáles son mis límites y los de la otra persona? ¿Son compatibles nuestras particulares apetencias y gustos sobre el sexo y el amor?
- ¿Soy honesta con mi pareja? ¿Y conmigo misma? ¿Cómo me relaciono con la culpabilidad, la que se crea en mí y la que creo en los demás? ¿Soy capaz de aceptar al otro tal y como es, o mi secreto deseo es cambiarlo para que sea como quiero? ¿Cómo hago para seguir siendo yo aunque me enamore locamente?
- ¿Cómo relacionarme en un plano horizontal con mis parejas? ¿Cómo amar y defender mi poder? ¿Cómo me relaciono con el poder del otro o la otra? ¿Cómo hago para no machacar la autoestima de la otra persona? ¿Cómo amo y defiendo mi libertad y la de mi pareja?
- ¿Cómo me siento cuando no me aman como quiero, como sueño o como necesito? ¿Cómo me siento cuando la otra persona me ama ciega e incondicionalmente y yo no siento lo mismo? ¿Me siento responsable del bienestar y la felicidad de mi pareja? ¿Hago responsable al otro de mi bienestar y mi felicidad o soy yo la que asume su cuidado personal?

En resumen: ¿cómo puedo utilizar mi poder para que mi vida y la de la gente de mi alrededor sea más bonita?

CAPÍTULO 14
EL ARTE DE ELEGIR A UN BUEN COMPAÑERO

¿Cómo saber si estás eligiendo una buena compañera o compañero cuando te enamoras? ¿Cómo ser realista en medio de la borrachera romántica? ¿Cómo pararlo todo cuando estamos en plena fiesta del amor y algo no va bien? ¿Es posible tomar las riendas de nuestras emociones, o solo podemos dejarnos llevar por la magia romántica?

No estamos condenadas a sufrir por amor. El amor no es una enfermedad, ni un hechizo, ni una maldición, ni un veneno que nos arrastra inevitablemente al precipicio. El enamoramiento no es incompatible con nuestra capacidad para utilizar el sentido común, para analizar y sopesar los pros y los contras, para pensar en la conveniencia de seguir profundizando en la relación. Sí es posible controlar lo que sentimos, y tomar decisiones sensatas cuando estamos enamoradas.

De hecho, en esto consiste el juego amoroso: nos encontramos, empezamos a quedar y, si nos gusta, repetimos. Si no nos gusta, no repetimos. A veces uno quiere repetir y el otro no. Son muchas las posibilidades que se abren cuando interaccionamos con alguien a nivel sexual y emocional: puede haber mucha química sexual entre dos personas, pero ningún tipo de compatibilidad para formar pareja. O al revés. También varía mucho el tiempo que nos duran las ganas de estar juntos: puede ocurrir que estés muy a gusto los dos primeros meses y luego se te vayan bajando las ganas de estar con esa persona.

Es normal que, si te enamoras loca y apasionadamente y la otra persona no, te duela.

También es muy común que primero te enamores y luego vayas conociendo bien a tu pareja y que, a medida que os vayáis conociendo de verdad, os gustéis cada vez menos.

Cuando nos conocemos por primera vez, todos tratamos de causar buena impresión y mostramos la mejor versión de nosotros mismos. Y estamos muy abiertos a considerar que la otra persona es maravillosa; de hecho, tendemos a idealizar y a engrandecer la figura del elegido o la elegida, y es normal también que nos vayamos decepcionando con el paso de los días y los meses.

Todo sería más fácil si, al conocernos, pudiésemos ver inmediatamente que no tenemos nada que ver con la otra persona, o si pudiésemos ver con claridad que es mentirosa, machista, egoísta o maltratadora. Nos ahorraríamos mucho sufrimiento y mucha frustración. Si pudiéramos conocernos primero y enamorarnos después, no nos idealizaríamos tanto los unos a los otros, nos decepcionaríamos menos y disfrutaríamos más del amor. Si la pareja que eliges es buena persona, si tiene herramientas para disfrutar del amor, si tiene una concepción del amor parecida o similar a la tuya, si ambos vais al mismo ritmo, es más fácil disfrutar del amor.

Si, en cambio, te juntas con personas sin herramientas para gestionar sus emociones o con dificultad para relacionarse amorosamente, probablemente todo será mucho más complicado. Hay gente a la que le cuesta disfrutar del amor porque tiene miedos o traumas del pasado, o porque su inseguridad los lleva a intentar dominar a la otra persona, o porque viven siempre en el futuro y les cuesta saborear el presente...

No es fácil elegir un buen compañero o compañera, pero hay que intentarlo. Al final de lo que se trata es de encontrar a una persona que sepa tratarnos bien, que sea generosa, que sea honesta, que sepa comunicarse y que tenga ganas de vivir una bonita historia de amor.

Cada cual tiene su modelo de persona ideal, pero a veces resulta imposible que una persona de carne y hueso encaje en él. A veces nos enamoramos más del amor que de la persona con la que estamos interactuando, y en realidad la única fórmula para poder quererse bien es poder aceptarnos tal y como somos. Solo podemos hacer autocrítica y cambios en nosotras mismas, nunca en los demás. No podemos influir en los sentimientos de las otras personas: si alguien no se enamora de ti, poco se puede hacer, excepto aceptar y asumir lo que hay. Si no te enamoras tú, lo mismo: todos somos libres para intentarlo, para probar, para quedarnos y para irnos, pero siempre procurando no hacer daño a la otra persona.

Amar bajo la ética de los cuidados es muy fácil: se trata de ser honesta contigo misma y con la otra persona, y hablar de cómo os estáis sintiendo para sopesar si es posible construir algo juntos o no. Hay que saber cuándo es el momento preciso para retirarse, y cómo salir a tiempo de una relación que no funciona por los motivos que sean.

A veces sucede que puedes estar con una bellísima persona que te ama locamente, pero el amor no es suficiente. Porque si no entiende el amor de la misma manera que tú, si desea avanzar en la relación mucho más deprisa o mucho más despacio que tú, o si la intensidad de emociones es muy diferente, el sufrimiento está casi asegurado.

El mejor compañero o compañera es aquella persona con quien puedas comunicarte bien y sentirte tú misma, es aquella que te trata bien y te respeta, es esa que sabes que no te va a hacer sufrir porque te quiere de verdad, y que es capaz de cuidarte incluso cuando llegue el momento de separarse, si llega, cuando llegue.

Con respecto a nosotras mismas, tratemos de llegar a ser esa gente linda con la que querríamos encontrarnos. No podemos pedir a los demás que sean maravillosos sin trabajar nosotras en nuestro propio crecimiento personal. Con mucha autocrítica y amor del bueno, podemos trabajarnos cada una lo nuestro para estar mejor, para convertirnos en ese compañero o compañera ideal, para hacernos la vida más bonita a nosotras mismas y a la gente que nos rodea.

CAPÍTULO 15
LAS GUERRAS ROMÁNTICAS

No sabemos querernos bien, no sabemos separarnos bien. Nuestra cultura romántica es patriarcal y violenta, y nadie nos enseña a terminar una relación con el mismo amor con el que la empezamos. Son pocas las parejas que logran terminar una relación sin entrar en guerra y sin hacerse daño mutuamente: lo normal es que la gente sienta odio, rabia, rencor y mucho dolor.

Ninguna guerra acaba con final feliz. Guerrear no sirve para que la otra persona se arrepienta y vuelva a nuestro lado, no nos alivia el dolor por la pérdida, no sirve para que se vuelva a enamorar de nosotras. Portarnos mal con nuestra pareja cuando termina la relación no nos ayuda en nada y saca lo peor de nosotras mismas. Hacer daño a los demás nos hace sentir miserables.

El romanticismo patriarcal está basado en la posesión y la propiedad privada, por eso nuestras relaciones de pareja son tan difíciles. Defendemos nuestra libertad para juntarnos a alguien y para separarnos, pero no respetamos la libertad de los demás para permanecer junto a nosotras o para seguir su camino. Cuando la otra persona quiere seguir su camino a solas o con otras personas, lo sentimos como una traición. No nos enseñan a decir adiós con amor, ni a nuestras parejas ni a nuestros seres queridos cuando mueren. No tenemos herramientas para cuidarnos y cuidar a la otra persona durante el proceso de separación, ni para identificar, expresar y gestionar nuestras emociones de manera que no nos hagan daño a nosotras ni a los demás.

No tenemos herramientas: solo tenemos armas. El romanticismo nos presenta el deseo de venganza como si fuera "natural": si te hacen daño, lo "normal" es que tú también intentes hacer daño. Si alguien ha roto su promesa de amarte para siempre, lo "normal" es que reciba su castigo. Normalizamos la violencia y por eso no sabemos identificar comportamientos violentos en nosotras mismas. En nuestra cultura amorosa persiste la idea de que del amor al odio hay un paso, y de que lo "normal" es que odiemos a quien ya no nos ama, que entremos en guerra para devolver todo el dolor que sentimos y mantener así el vínculo emocional con la otra persona. A veces el odio se extiende hacia la nueva pareja, si nos dejan por otra persona. En las relaciones heterosexuales es muy común disculpar al chico con la idea de que otra mujer lo sedujo y él se dejó llevar. Esa otra mujer es la malvada *robahombres* que destroza la vida de las demás mujeres, y a veces se entra en guerra con ella para que se sienta culpable.

Sin embargo, las guerras románticas no ayudan en nada: empeoran la relación con la expareja, nos desgastan emocional y energéticamente y no son útiles ni benefician a ninguna de las dos partes. Nos cuesta mucho tener que escuchar que no nos aman, y también nos cuesta mucho reconocernos a nosotras mismas que ya no estamos enamoradas. No queremos sufrir ni hacer sufrir a nuestra pareja, pero no sabemos cómo hacerlo bien. Cuando somos nosotras las que deseamos terminar una relación nos tenemos que trabajar mucho la culpa y los miedos: miedo a quedarnos solas, a no volver a enamorarnos, miedo al qué dirán y miedo a ser "la mala" de la película.

En las guerras románticas, los malos son todos aquellos que no cumplen su promesa de amar para siempre, y los buenos son los que sufren el "abandono" de su amado/a. Cuando una mujer quiere separarse recibe mucha más presión social de su entorno: la que no es fiel y leal de por vida a un solo hombre es una ninfómana, una puta, una monstrua. Lo tenemos más difícil que los hombres, porque nadie entiende que una mujer pueda desenamorarse igual que un hombre, y no se nos reconoce el derecho a separarnos y a buscar la felicidad igual que hacen ellos.

Esta presión social nos causa mucho sufrimiento a la hora de separarnos, pero también genera mucho dolor en nuestra gente cercana, porque se siente obligada a posicionarse del lado de la "buena" o del "bueno". Si eres *la mala*, te piden que no te separes, que recapacites, que seguro que puedes volver a enamorarte si te lo propones, que cambies tus sentimientos, que no tires todo por la borda... en las guerras románticas, los buenos tienen toda la razón. Tienen la ley de su parte, tienen todo el derecho a ir de víctimas y recopilar apoyos y mensajes de condolencia y de solidaridad. Tienen derecho a pedir al entorno que presione y castigue al abandonador.

Así de terrible es nuestra cultura romántica: los buenos pueden emplear todo tipo de estrategias para vengarse del ex o de la ex, porque todo el mundo entiende que cuando te rompen el corazón tienes derecho a hacer sufrir a la otra persona o a destrozarle la vida. Y, sin embargo, con esta estrategia los buenos no logran jamás que la otra persona vuelva a su lado ni los siga amando.

El amor ni se exige, ni se mendiga. Ni tratando de dar pena ni con agresividad se reenamora a nadie. Da igual lo duros que sean el chantaje y el castigo: no hay hechizos, ni fórmulas mágicas, ni dinero, ni trucos para cambiar los sentimientos de los demás; no hay manera de despertar el amor, o de reiniciarlo. Lo único que podemos hacer es aceptar la realidad, evitar las luchas de poder y tratar de sufrir lo menos posible, a solas o en la interacción con la expareja.

Entonces, ¿cómo ponemos en práctica lo de "Haz el amor y no la guerra"? La clave está en disfrutar de las relaciones mientras duren y tratar de cuidarnos y cuidar a la otra persona antes, durante y después de la relación. Podemos separarnos con el mismo amor con el que empezamos: separarse es un arte y cuanto más entrenemos, con más libertad empezaremos y acabaremos nuestras relaciones sentimentales.

CAPÍTULO 16
EL ARTE DE SEPARARSE CON AMOR: CÓMO CUIDARNOS CUANDO LLEGA EL FINAL

Separarse con amor es un arte que requiere muchas habilidades sociales y mucho entrenamiento.

Para poder cuidar a la otra persona y cuidarse a una misma es necesario que podamos hablar mucho sobre cómo nos sentimos. El primer paso es decirse a una misma en voz alta lo que está sintiendo: "me estoy desenamorando, ya no siento lo mismo de antes, ya no quiero seguir con él/ella, quiero estar sola".

Aceptarlo es una de las claves para poder separarnos bien: hay que ser muy realista, muy humilde y muy generosa para aceptar que ya no te quieren. Hay que trabajarse mucho el ego, que siempre quiere satisfacer sus deseos y sus necesidades y utiliza todas las estrategias posibles para adaptar la realidad a su subjetividad, sin reparar en que los fines no siempre justifican los medios que empleamos para manipular a los demás.

Aceptar que una relación ya no funciona y no va a funcionar más es difícil, y muchas nos resistimos con uñas y dientes al principio. Cuanto más nos resistimos, más duele el desamor. Algunas recurrimos al autoengaño ("volverá, esto es un mal sueño, en el fondo me ama, se dará cuenta de lo equivocado que está"), y nos aferramos a un clavo ardiendo. Inevitablemente, soñamos con el milagro romántico, ese que vemos en las películas, cuando sucede algo mágico y él se da cuenta de lo maravillosa que es ella, lo ciego que estaba y lo mucho que la ama.

La aceptación llega cuando nos ponemos generosas y dejamos marchar a la otra persona de nuestro lado. Cuando ya hemos asumido que se va, cuando podemos incluso desearle lo mejor en la nueva etapa que se abre en nuestras vidas.

Una vez que aceptas la situación, viene el segundo paso, que es mucho más difícil todavía: decirle al otro lo que está pasando. Y cuesta, porque no quieres hacerle daño y te sientes una traidora. Te come la culpabilidad: prometiste que lo querrías y lo amarías para siempre. Estás fallando, estás demostrando que no puedes cumplir una promesa y no sabes ni por qué te está pasando.

Cuanto más tiempo tardamos en sentarnos a hablar con la pareja, peor. Cuando llega el desenamoramiento nuestro comportamiento cambia, y las energías también: nuestra infelicidad, culpabilidad y desgana se palpan en el ambiente. La otra persona se empieza a dar cuenta y empiezan las preguntas, las excusas, las sospechas, las mentiras, la confusión y la incertidumbre, los miedos, los reproches, las peleas, el victimismo, las posiciones defensivas, las provocaciones, las llamadas de atención (trágicas o agresivas), las luchas de poder y las guerras... que aceleran el desamor y nos hacen sufrir mucho.

Tardamos tanto en dar el paso porque no nos han enseñado a cerrar las historias con cariño. Creemos que cuando llega el momento de separarse, nos toca vivir una escena dramática llena de insultos, reproches, reclamos, amenazas, chantajes y cosas que se dicen en momentos de dolor para hacer daño a la otra persona. Y apenas tenemos argumentos para defendernos: como prometimos lealtad absoluta y amor para siempre, sentimos que estamos fallando como pareja y fracasando como personas.

Si sigue pasando el tiempo y no nos atrevemos a hablar, nos sentimos todavía más culpables y nos comen los miedos, los remordimientos y las angustias, que al principio son solo nuestras, pero pronto alcanzan a nuestras parejas. Cuanto más disimulamos, peor nos sentimos, y si nuestra pareja nos pide sinceridad y no se la damos, entonces llega el infierno: cuando nos dan oportunidades para romper la relación y no las aprovechamos nos sentimos fatal.

Hay gente que lleva su cobardía al extremo y hace mucho daño a su pareja. Por ejemplo, cuando elige portarse mal para que sea la otra persona la que dé el paso y rompa la relación. Esta actitud es común en los hombres porque tienen más dificultades para decir lo que sienten, y porque generalmente las mujeres depositan en ellos la responsabilidad de velar por su bienestar y su felicidad. Para eso está el amor: a las chicas nos enseñan que ellos son los salvadores y los solucionadores de problemas, y que sin un hombre no podemos ser felices. Entonces a ellos les cuesta más romper, porque se sienten culpables: no están cumpliendo con el rol que se les asigna por su masculinidad, que es proteger a la chica para que nadie la haga daño y para que pueda ser feliz. Así que eligen este camino que parece más fácil y que, sin embargo, tiene el efecto contrario.

Portarse mal con la compañera no sirve para que sufra menos, sino más: las mujeres fuimos educadas para aguantar malos tratos, indiferencia y para sufrir todo el tiempo "por amor". Es el masoquismo romántico el que nos mantiene en relaciones que no nos hacen felices y que se convierten en tóxicas y dañinas cuando no sabemos separarnos a tiempo.

Delegar la responsabilidad de la ruptura en la otra persona es una opción que atenta contra la ética del amor: es una tortura para la persona a la que quieres. No le dices lo que pasa, no le das información para que pueda tomar sus decisiones, lo dejas con esa duda que genera esperanza y desesperanza: es una forma de maltrato, y duele mucho.

Hay parejas que logran separarse unidas y elaboran sus propios pactos para sobrellevar la separación de la mejor manera posible, para hacer el proceso más fácil, para respetar los tiempos de cada uno, para ir negociando poco a poco sobre la manera en que va cambiando su relación y van separando sus caminos. No es fácil, pero se sufre mucho menos cuando nos cuidamos mutuamente, aunque ya no nos amemos.

Cuando no se puede hablar o cuando la otra persona se porta fatal con nosotras, es mejor desconectar del todo y gestionar la separación por separado, sin saber nada del otro. Cuando hay muchas emociones fuertes que nos impiden sentarnos a hablar, es mejor tomarse un descanso, desintoxicarnos y desengancharnos del amor romántico, dedicar todo nuestro tiempo a cuidarnos y a vivir el duelo en las mejores compañías.

Ayuda mucho pensar que tenemos derecho a ser felices, a estar bien, a disfrutar de la vida. También ayuda pensar que todo pasa, que todo cambia y nada permanece, ni el dolor más intenso del mundo. A veces es solo cuestión de aliarse con el paso del tiempo, que va cicatrizando todas nuestras heridas, va borrando los rencores y va dando paso al olvido para que podamos dejar el pasado atrás y podamos rehacer nuestra vida.

Ayuda mucho también pensar que la vida es un camino en el que la única compañía que permanece a nuestro lado desde la cuna a la tumba somos nosotras mismas. Los demás nos acompañan a ratitos: nuestros abuelos y abuelas, nuestro padre y nuestra madre, las hermanas y la familia cercana nos acompaña toda la infancia y juventud, pero después se van muriendo. Los amigos de la infancia, lo mismo: algunos permanecen durante muchos años, a otros no los volvemos a ver nunca. Vamos encontrando nuevas amistades en cada espacio de estudio o de trabajo, nos acompañan las parejas durante una noche loca, un mes o una década, y después se van quedando atrás.

Los demás marcan las etapas de nuestras vidas, por eso las rupturas no son solo un final, sino también el principio de una nueva etapa. Y en cada nueva etapa, se abren miles de posibilidades para elegir y para vivir: nuevas personas, nuevas experiencias, nuevos sentimientos, nuevos aprendizajes...

Los finales a veces son una auténtica liberación, sobre todo si no hemos sido felices o si nos hemos sentido atrapadas en una relación que no funcionaba. Las relaciones conflictivas convierten nuestra vida en un verdadero infierno, por eso terminar con ellas nos hace libres y nos sitúa en una nueva dimensión en la que podemos cambiar todo de arriba abajo y desarrollar todo nuestro poder para la transformación de nuestro mundo. Y si lo pensamos bien, en el fondo es maravilloso que podamos vivir esas transformaciones en una sola vida. No todo el mundo sabe cerrar bien las etapas, no todo el mundo siente ilusión por vivir el presente y caminar hacia el futuro, pero es precisamente esta capacidad para ilusionarse lo que más nos ayuda a dejar de sufrir y a florecer de nuevo.

CAPÍTULO 17
A OTRA COSA, MARIPOSA: CONSEJOS FEMINISTAS PARA DESENAMORARSE

Duchas de agua fría, hacer deporte, mantenerse ocupada, estar acompañada de las mejores amigas, hacerse un viaje, escribir un diario, reforzar la autoestima, pedir ayuda profesional, hacer meditación y yoga, dar largos paseos... son muchos los consejos que nos damos unas a otras para desintoxicarnos cuando estamos muy enganchadas y no nos corresponden, o cuando nuestra pareja se desenamora y decide seguir su camino en solitario. O con otra persona.

Desenamorarse es muy duro porque es un proceso muy parecido al de dejar una adicción (tabaco, alcohol, drogas, juegos y apuestas, etc.). Nuestro cuerpo tiene que borrar el deseo de nuestra piel y sudar mucho para eliminar toda la toxicidad del amor. Y es que en esos momentos tan difíciles, nuestra mente tiene que ponerse límites, autocensurarse, contenerse, darse buenos consejos para no ir corriendo a buscar la penúltima, la última dosis. Para desenamorarse es fundamental tener una cosa muy clara: si no hay amor, o si hay amor pero la cosa no funciona, entonces es mejor dejar la relación, hacer un ritual de despedida como quien entierra a un ser querido, y aceptar la realidad aunque nos duela mucho.

La única manera de dejar una droga es no probarla, no tenerla cerca: por eso es tan importante desconectarse del amado/a. La amistad puede llegar al cabo de muchos meses o años, pero para conseguirlo primero hay que llegar a la desconexión total, y mantenerse así un tiempo. Cada persona necesita su tiempo para olvidar y rehacer su vida. Hay quien lo consigue en unas semanas, otros necesitan meses o años, y los hay que nunca olvidan, pero logran seguir con su vida.

El objetivo número uno del proceso de desconexión es aguantar sin llamar, sin *wasapear*, sin chatear, sabiendo que el otro o la otra va a estar bien. Nosotras también vamos a estar bien, y no hay que buscar excusas para romper la desconexión. Si necesitamos un hombro para llorar, ahí tenemos a las amigas y los amigos: los ex y las ex no son las personas más indicadas para consolarnos.

Estos son los consejos que les doy a mis amigas y que me doy a mí misma en una ruptura: hay que separarse con amor, cuidarse mucho (también a la otra persona), quererse a una misma, ser sensata y realista, mirar hacia delante siempre, mantener la dignidad, intentar no ser egoísta y evitar las luchas de poder y las guerras.

Sin embargo, lo que a mí me ha funcionado de verdad es aplicarle el feminismo al proceso de ruptura. Es fácil, solo hay que hacerse un par de preguntas: ¿cómo nos quiere el patriarcado? y ¿le voy a dar el gusto? El patriarcado nos quiere tristes, deprimidas, débiles, frágiles, vulnerables, hechas polvo, sin energías, esperanzadas, *emparanoiadas*, entretenidas con fantasías, aferradas al pasado, solas, rivalizando entre nosotras, pendientes y dependientes de un hombre. Al patriarcado le encanta que las mujeres nos dediquemos a buscar amor o que insistamos en aferrarnos a las personas que amamos. Así somos más sumisas: cuanto más necesitamos al que amamos, menos libres somos para juntarnos y separarnos. Cuanto más solas nos sentimos, más ganas tenemos de entregarnos y darnos por completo.

Aplicar el feminismo al desamor supone que, en lugar de perder el tiempo esperando a que el otro nos quiera, nos ponemos activas, y nos volcamos en nuestro bienestar y nuestra felicidad. Centrarnos en nuestras pasiones, darnos homenajes, hacernos regalos a nosotras mismas, dedicarnos a nuestros proyectos y, sobre todo, cuidar a nuestra gente querida, tengamos o no pareja. Creo que la clave para liberarnos de la dependencia emocional y para superar un duelo está en diversificar afectos y en tener una buena red de mujeres cerca que nos acompañen.

Cuando la persona a la que amamos no nos corresponde, cuando nos rechaza, cuando no nos trata bien, cuando nos está haciendo daño, cuando juega con nuestros sentimientos o cuando rompe la relación, lo mejor siempre es aceptarlo, pasar el duelo y tirar hacia delante. El tiempo todo lo cura, no hay mal que cien años dure ni cuerpo que lo resista, y no hay otro camino que mirar al frente.

Este es el lema del romanticismo más práctico: si nos queremos, vamos a disfrutar. Si no nos queremos, vamos a separarnos y a probar a ser felices solas o acompañadas por otras personas. Suena muy sensato, ¿verdad?

Solo hay que trabajarse los miedos, el autoengaño, la dependencia emocional y el masoquismo romántico con espíritu alegre y combativo: con el feminismo podemos empoderarnos, a nosotras mismas y a las demás, fabricar herramientas para cultivar nuestra autonomía, tejer nuestras redes amorosas, desaprender los mitos del romanticismo patriarcal y construir relaciones libres e igualitarias. El objetivo común es sufrir menos y disfrutar más del amor, y para ello es fundamental que no nos resignemos a tener relaciones dolorosas ni a vivir en guerra permanente.

La vida es solo un ratito, por eso es tan importante saborearla con pasión. Al final se trata de caminar con gente que te quiera bien y alejarse de todas las relaciones que nos hacen sufrir. Si no eres feliz en una relación, llegó el momento de emprender el vuelo... y a otra cosa, mariposa.

CAPÍTULO 18
MEJOR SOLAS QUE MAL ACOMPAÑADAS: CÓMO SER FELICES SIN PAREJA

Claro que se puede ser feliz sin pareja. De hecho, a menudo lo pasan peor las que tienen pareja que las solteras. Las solteras no sostienen luchas de poder a muerte con el amado o la amada, no tienen problemas de convivencia, no dependen de nadie, no tienen que aguantar "por amor" ni ceder siempre, no tienen que rendir cuentas a nadie y pueden tomar decisiones sin tener que negociar con nadie más que con ellas mismas.

Hubo un tiempo en que en España las mujeres vivíamos en matrimonios infernales, pues el abandono del hogar estaba penado por la ley. Hoy, si el amor se acaba, podemos separarnos y transformarlo en una bonita amistad. Y, sin embargo, muchas mujeres no se separan por miedo a la soledad. El tiempo hace mella en nuestros cuerpos; las maternidades también. A medida que vamos perdiendo la juventud, las mujeres vamos perdiendo poder y bajamos puestos en la jerarquía social, lo que nos hace menos apetecibles. Si no encontramos pareja nos vemos condenadas a la soltería y, por tanto, a la soledad.

La soledad es una enfermedad de transmisión social: es contagiosa y es colectiva. Nos provoca depresiones, alimenta nuestros miedos y fantasmas, nos hace sentirnos vulnerables y frágiles. Cuanto más solas estamos, más dependientes y necesitadas de amor nos sentimos. Vivimos en una sociedad que se organiza de dos en dos, de modo que quien no encuentra pareja o no la quiere, se queda solo, se queda sola, rodeada de *parejas felices*. El individualismo está acabando con las redes de solidaridad que aún existen en el ámbito rural: el encierro de las parejitas en sus casas, centradas en sí mismas, aisladas de su comunidad, ha vaciado las calles de gente que antes se juntaba para charlar, tomar el fresco al atardecer, intercambiar noticias y resolver problemas comunitarios.

En esta época posmoderna nos buscamos, nos encontramos, nos fusionamos y nos separamos de dos en dos, siempre buscando ese difícil equilibrio entre la libertad, la autonomía, y la necesidad de afecto que tenemos.

Le pedimos a una sola persona que nos colme de felicidad: ni siquiera sabemos disfrutar del amor como un fin, sino que lo utilizamos para alcanzar otras cosas: compañía asegurada, sexo seguro, estabilidad, recursos... Nos fabricamos utopías románticas para que nos salven de la soledad y de los problemas a los que no podemos hacer frente en solitario, pero, cuando los sueños románticos no se cumplen, sentimos que hemos fracasado y que nos quedamos fuera del sistema organizado en parejas.

La búsqueda de pareja nos hace emplear una cantidad de tiempo y energía descomunal que podríamos invertir en otras cosas más útiles y provechosas. Si nos juntásemos en redes más amplias de amor y afecto, evitaríamos la soledad y seríamos menos vulnerables. Podríamos sentirnos útiles y realizados aportando colectivamente a la mejora y transformación de la sociedad. Estaríamos menos solas si construyéramos redes de afecto colectivo con la gente del barrio, del pueblo, de las comunidades a las que pertenecemos. Redes no solo de solidaridad y ayuda mutua, sino también de crianza y cuidados.

Nos hablan mucho de amor desde los púlpitos de las iglesias o desde la industria cultural, pero no se promueve jamás el amor hacia la colectividad. Los medios son los agentes que promueven el virus del odio y los miedos al cambio. Los demás son "los enemigos": nuestra cultura amorosa es profundamente antisocial porque nos aísla de los demás. Las mujeres somos las que más sufrimos ese aislamiento porque nuestro rol doméstico nos encierra en los hogares, nos ata a la casa y a los hijos, nos quita todo el tiempo libre para hacer vida social, para conocer gente nueva, para sacar adelante nuestros proyectos, para tejer nuestras redes afectivas más allá del ámbito familiar.

Creo que ni solas o solos ni de dos en dos lograremos transformar el presente en el que vivimos. Ahora más que nunca necesitamos querernos, apoyarnos, acompañarnos, formar redes de tribus, retomar los espacios públicos, salir a las calles a encontrarnos, juntarnos en grupos y expandir las redes de afecto y solidaridad para que el amor nos alcance a todos.

CAPÍTULO 19
EL AMOR COMPAÑERO

El amor compañero es una forma de quererse basada en la solidaridad, la empatía, el respeto, la ternura y los cuidados. Está por todas partes: es el amor que une a la gente para salir a la calle a defender sus derechos, para analizar y transformar el mundo en el que vivimos, para protestar contra las injusticias, la explotación y la violencia, para parar las guerras, para acabar con el machismo y todas las enfermedades de transmisión social (clasismo, racismo, xenofobia, homofobia, lesbofobia, transfobia, gordofobia) que producen los discursos de odio con los que nos bombardean a diario desde los medios de comunicación.

Vivimos en un mundo profundamente individualista y deshumanizado en el que cada vez hay más personas que mueren solas sin que nadie se percate de su fallecimiento hasta que los vecinos avisan a la policía días después porque huele el cadáver. Bajo la filosofía del "Sálvese quien pueda", nos creemos que nuestros problemas son personales, y por lo tanto buscamos soluciones personales, no colectivas. Batallar a solas contra un sistema tan injusto, violento y cruel como el capitalismo nos enferma, nos agota y nos amarga la vida: solos, solas, no podemos.

Solo podemos si nos juntamos para defender nuestros derechos y libertades, pero para eso hace falta mucha solidaridad, mucha empatía, mucha generosidad y valentía. La gente, en general, prefiere recurrir a la magia, al suceso extraordinario que viene de fuera a cambiarnos la vida: que me toque la lotería, que alguien apueste por mí y por mis proyectos, que aparezca el amor de mi vida. Y si me va mal, es cuestión de mala suerte: hay gente que no es capaz de ver que cuanto peor le va a uno, peor nos va a todos y a todas.

El amor compañero podría ayudarnos a construir un mundo en el que quepamos todas y todos, una sociedad en la que nos vaya bien a todas las mayorías, y no solo a unas pocas personas, como sucede en la actualidad. Con el amor compañero podríamos tejer redes de cooperación y ayuda mutua, redes de afecto libres de explotación y de violencia, redes de ternura y apoyo que nos permitan construir un mundo más igualitario, más pacífico, más justo y más hermoso para todas las personas que habitamos este pequeño planeta. El amor compañero en pareja consistiría en la unión de dos personas que se juntan libremente para compartir la vida el ratito que dure el amor. Este amor no se construye como el amor romántico, desde el interés o la necesidad, sino desde la libertad y las ganas de estar juntos. En el amor compañero no se firman contratos esclavizantes ni se hacen promesas irreales de futuro: se disfruta como se disfruta la amistad, en el aquí y el ahora.

Yo concibo el amor compañero como una forma de relacionarse libre de violencia y de machismo. Lo construyo con mi pareja trabajándome mucho por dentro y en pareja. Ambos estamos comprobando que se vive mucho mejor sin sentimientos de posesividad, sin celos, sin miedos y sin obsesiones. Se trata de disfrutar, de acompañarse, de pasarlo bien, de darse calorcito humano, de reírse mucho, de conversar rico, de compartir placeres, de crecer juntos, de cuidarse mutuamente durante el tiempo que queramos estar juntos.

El amor compañero se expande más allá de la pareja y se multiplica, y da para abastecer a todo el entorno de los enamorados, nunca se encierra en sí mismo. No importa si es monógamo o poliamoroso, que permanezca estable o vaya cambiando, no importa si es entre dos o si hay más participantes, lo importante es que la relación esté llena de amor del bueno. El amor compañero está basado en la honestidad y la coherencia, dos de sus pilares fundamentales. Por eso se parece mucho a la amistad, y además tiene mucho y muy buen sexo. Porque se ha alejado de los mandatos que reducen el placer a la fricción de los genitales y no se centra en el coito, sino en el placer de todo el cuerpo y en el de todos los cuerpos de las personas a las que nos unimos para compartir y disfrutar. Es una manera de vivir el erotismo sin sadismo y sin masoquismo. En ella se comparte la responsabilidad de la anticoncepción y la reproducción, se trabaja en equipo, se aprende en compañía. En el amor compañero el sexo no se utiliza a cambio de amor. El sexo es para comunicarse y disfrutar: no se concibe como una moneda de cambio ni una transacción, y no se concibe separado del amor: el sexoamor es una forma de quererse, no son dos cosas diferentes. Así pienso, siento y vivo yo el amor compañero.

La relación de amor compañero se construye desde la idea de que yo tengo los mismos derechos que tú, de que podemos tratarnos como compañeros el tiempo que estemos juntos, de que podemos seguir queriéndonos durante la ruptura, y también después de la ruptura, el tiempo que queramos. Se construye desde la amistad, la honestidad y la confianza mutua, con mucho respeto y sinceridad. El compañerismo es, pues, una forma de relacionarse con la gente igualitariamente, sin jerarquías, sin dominación ni sumisión, sin sufrimientos, sin dependencias. Es una forma de relación que construimos con los amigos y las amigas: también podemos hacerlo con la pareja.

Cuesta mucho, y sobre todo les cuesta mucho a los hombres, porque en la cultura patriarcal los compañeros son siempre otros hombres, nosotras somos "las otras". El machismo más rancio impide a los hombres disfrutar del amor compañero con otras mujeres. Por eso es tan importante desobedecer los mandatos de género, pensar juntos el tema del sexo, el género y el amor, desmontar y desmitificar el romanticismo patriarcal, cuestionarnos a nosotras mismas y cuestionar la cultura del amor en la que hemos sido educados. Sería más fácil si de pequeñas recibiéramos educación sexual y emocional para aprender a expresar y gestionar nuestros sentimientos, para aprender a disfrutar con la diversidad, para aprender a relacionarnos en igualdad. Esta educación sexual y emocional incluiría la fabricación de herramientas para aprender a relacionarnos desde el buen trato y el respeto mutuo, para desaprender la violencia romántica y todos los mitos que perpetúan el patriarcado, para poder analizar la realidad desde una perspectiva crítica, para poder inventar otros relatos, otras protagonistas, otras tramas, otros finales felices.

Esta educación sexoamorosa debería empezar en la infancia y no terminar nunca: todos y todas necesitamos herramientas para aprender a querernos mejor, para disfrutar del placer sin culpa, para aprender a amar desde la libertad, para aprender a decirnos adiós con amor, para aprender a construir relaciones igualitarias libres de violencia y de machismo.

Con estas herramientas podremos construir enormes redes de afecto para hacer frente a la pobreza, a la precariedad, a la explotación. Esas redes serían una forma de resistencia frente a un sistema que no es capaz de asegurar nuestro bienestar ni garantizar nuestros derechos más básicos.

En resumen, necesitamos con urgencia un amor compañero que se parezca a la amistad, un amor libre de machismo y de violencias, un amor en el que puedas ser tú misma y puedas crecer junto a la otra persona el tiempo que queráis compartir un trocito de vida.

CAPÍTULO 20
FEMINISMO PARA SUFRIR MENOS Y DISFRUTAR MÁS DEL AMOR

El amor romántico y el feminismo no son incompatibles, pero es bien difícil ser coherente y llevar la teoría a la práctica. Este es uno de los mayores retos que tenemos las mujeres feministas y las mujeres que ya no quieren sufrir más por amor: encontrar la manera de aplicar nuestros principios éticos a nuestra vida personal bajo el lema de que lo personal es político, y lo romántico es político.

Las emociones, el sexo, los afectos, los cuidados o las tareas domésticas ya no son asuntos que pertenecen a la privacidad y a la intimidad de cada cual. Son un tema social y político, porque el patriarcado atraviesa todas nuestras relaciones personales, nuestra forma de cuidarnos, de organizarnos y de relacionarnos sexual y afectivamente.

Ahora que ya tenemos abiertos tantos frentes en el ámbito social, político, económico y cultural, nuestra gran asignatura pendiente es la transformación del amor y los sentimientos. Los cuentos que nos contamos también siguen siendo los mismos de siempre. Pero nosotras ya no somos las mismas: las mujeres feministas estamos reivindicando nuestro derecho al placer y a disfrutar del sexo y del amor. Lo tenemos muy claro: queremos relaciones libres, igualitarias, horizontales y bonitas.

Los hombres patriarcales están acostumbrados a que las mujeres de su familia se encarguen de las cosas más importantes de la vida, se preocupen por su bienestar y cubran sus necesidades básicas (comida, higiene, cuidados, sexo, amor). También les cuesta mucho dejar el rol de protector, porque siguen creyendo que ellos son los fuertes y nosotras somos las débiles. Siguen pensando que están obligados a mantener a su familia, pese a que la mayor parte de las mujeres trabajan: la primera jornada, con salario, y la segunda, gratis. Y aun así, el rol de proveedor principal los angustia cuando se quedan desempleados, y les cuesta entender la pareja como un equipo de ayuda mutua y de apoyo constante.

Algunos hombres "ayudan" en las tareas de casa y en los cuidados, pero la carga mental reside casi siempre en nosotras, que somos las coordinadoras, las organizadoras y las responsables de la programación y planificación de las tareas. Esta carga mental y física nos tiene agotadas; sentimos que no podemos con todo, y es que, en realidad, no podemos con todo. Pero lo intentamos porque es nuestro papel. Nos cuesta mucho abandonar el rol de cuidadoras y de salvadoras porque nos lo han metido en vena desde pequeñitas: con dos años ya andábamos dando el biberón y limpiándole el culito a los muñecos en forma de bebés mientras los niños jugaban a matarse entre ellos con pistolas de juguete.

A pesar de que la mayor carga de las cosas básicas para la supervivencia recae sobre nosotras, a ellos les gusta sentirse importantes y necesarios. Los hombres andan un poco confusos y se sienten perdidos, porque ya no son imprescindibles (ni para el tema económico, gracias a nuestra incorporación al mundo laboral, ni para el tema reproductivo, gracias a las técnicas de reproducción asistida). Muchos sienten que han perdido su rol y se resisten a abandonar las antiguas estructuras, porque en ellas se sienten seguros y poderosos. Nosotras queremos romper con esas estructuras antiguas, pero es difícil porque aún no hemos alcanzado la plena autonomía económica. Hasta que no logremos salarios dignos y condiciones laborales dignas, no podremos construir relaciones desinteresadas, libres e igualitarias.

Además de la dependencia económica, está la dependencia emocional. La guerra contra las mujeres nos machaca la autoestima, lo que nos impide amarnos y amar a los demás en libertad: de alguna manera, las mujeres siempre necesitamos el reconocimiento de los demás, en especial el de los hombres. Por eso nos comparamos con las mujeres de nuestro entorno y a veces rivalizamos entre nosotras para ver quién enamora al macho alfa.

Desde el feminismo estamos tratando de poner el foco en la importancia de la sororidad entre nosotras, para evitar la rivalidad y para poder construir comunidades de apoyo entre mujeres. Pero no es fácil: muchas mujeres piensan que estando solas será más fácil encontrar pareja. Y encontrar pareja sigue siendo el objetivo número uno de muchas de nosotras cuando tenemos veinte o treinta años. El estigma de la mujer soltera pesa todavía demasiado sobre nosotras.

A los hombres tradicionales les da miedo relacionarse con mujeres empoderadas, por eso hay tantas mujeres que se empequeñecen para ligar y para resultar más atractivas. El miedo de los hombres a la libertad, a la sexualidad y al poder de las mujeres tiene muchos siglos, y este miedo es una barrera para que podamos relacionarnos de igual a igual. Muchas de nosotras tendemos a mentir para que ellos se sientan cómodos y seguros, por eso algunas de mis amigas ponen en sus perfiles de redes sociales que son azafatas en vez de pilotos, o enfermeras en lugar de doctoras.

Nosotras necesitamos que nos quieran, en concreto, que nos quiera un hombre. Por eso las ausencias masculinas (el padre o el marido ausente) nos marcan tanto. El patriarcado nos recuerda que sin un hombre no estamos completas, que sin amor romántico nuestra vida está vacía. El miedo a quedarnos solas y a que nadie nos ame nos determina a muchas cuando nos enamoramos. Sentimos una contradicción enorme entre nuestro deseo de empoderarnos colectivamente y este miedo a que nadie nos quiera. Para que nos quieran estamos dispuestas a ceder, a sacrificarnos, a renunciar, a someternos y a entregar nuestro poder y nuestro corazón.

Algunas soñamos con un paraíso romántico en el que podamos relacionarnos en horizontal con nuestro amado y despatriarcalizarnos unidos por el amor. Pero la realidad es diferente: generalmente ellos adoptan la estructura de siempre, y nosotras nos resignamos o nos rebelamos, o ambas cosas según el momento.

Nosotras ya llevamos tiempo trabajando en ello: nos cuestionamos todos los mitos románticos que habitan en nosotras, y analizamos cómo aprendimos a amar, qué dinámicas hemos seguido en todas nuestras relaciones, qué estructuras hemos heredado. Estamos trabajando mucho para liberar al amor del machismo y para inventar nuevas formas de relacionarnos. Una de las estructuras más opresoras para nosotras es el masoquismo romántico que nos lleva a sufrir y sacrificarnos lo que haga falta con tal de ser amadas. Nosotras vamos a terapia, hacemos talleres, devoramos libros, leemos blogs, participamos en foros virtuales, pasamos horas hablando de amor con las amigas... mientras ellos siguen igual, cómodamente instalados en sus privilegios y en esos espacios tradicionales en los que se sienten seguros.

La diferencia es cada vez más abismal: es como si ellos vivieran en una época histórica en la que eran tratados como reyes por sus sirvientas, y nosotras viviéramos en otra en la que ya nos sentimos preparadas para construir relaciones libres e igualitarias.

A todas nos gustaría dejar al hombre que no se compromete, que no se porta bien, que no nos cuida, que no nos respeta, que nos utiliza, que se aprovecha de nosotras, que no es honesto. Y eso es lo que nos aconsejan las compañeras cuando estamos en relaciones "complicadas" con compañeros "complicados": que los dejemos y nos liberemos de una vez. Pero en lugar de dejar esas relaciones, nos quedamos a sufrir, y esto nos genera una enorme contradicción en nuestro interior: resulta bien complicado ser coherente cuando tenemos relaciones de dependencia y lo que queremos en realidad son relaciones igualitarias.

En lugar de pensar en nuestro bienestar y nuestra felicidad, nos permitimos el lujo de poner en primer plano nuestra necesidad de vivir un romance. Es decir, damos más importancia a nuestro deseo de vivir una historia de amor que a nuestra salud emocional, mental y física. Y por eso no hacemos caso a los consejos sensatos de las amigas feministas.

Pero ya ha llegado el momento de confiar en nosotras mismas para llevar la teoría a la práctica, y para liberar al amor del machismo. Si el amor es el centro de nuestras vidas, que sea entonces un amor enorme que no se reduzca a una sola persona, que se multiplique y se expanda a toda la gente cercana con la que compartimos la vida. Si el amor es lo que más nos mueve a las mujeres, que sea para crear redes de afecto y de ayuda mutua, redes solidarias de cooperación que nos permitan transformar el mundo, nuestras emociones y nuestras relaciones.

CAPÍTULO 21
CÓMO CUIDARNOS CUANDO ESTAMOS ENAMORADAS

En nuestra cultura no se habla del autocuidado, de lo importante que es ocuparse y preocuparse por una misma. Cuando lo hacemos nos sentimos egoístas y culpables, porque los mandatos de género nos empujan a olvidarnos de nosotras mismas para poder dar amor y cuidados a los hombres con los que nos emparejamos.

Sabemos apoyar emocionalmente a todo el mundo, pero no a nosotras mismas cuando nos toca vivir momentos difíciles: una separación de pareja, la muerte de un ser querido, cuando quebramos económicamente o en situaciones de crisis personal en las que parece que todo se hunde y no encontramos la salida.

Cuando caemos en una depresión o en cualquier otra enfermedad mental, podemos recurrir a la ayuda de profesionales (terapeutas, psicólogas, etc.), pero apenas trabajamos en el área de la prevención: ¿cómo podríamos evitar llegar a situaciones de sufrimiento extremo?, ¿cómo podríamos ahorrarnos el intenso dolor que sentimos cuando nos invaden las emociones y nos encontramos sin herramientas para gestionarlas?

No nos enseñan educación emocional en la escuela: solo podemos pedir ayuda cuando ya ha sucedido el desastre. Es entonces cuando, después de trabajar mucho para salir de las depresiones, entendemos lo importante que es cuidarnos y querernos bien, tratarnos bien, velar por nuestro bienestar y felicidad y construir redes de afecto para combatir la soledad y la dependencia.

La depresión y las enfermedades mentales han experimentado un aumento vertiginoso en estos tiempos de individualismo feroz: la soledad y la tristeza causan estragos entre la población. Cada vez nos suicidamos más y consumimos más medicamentos para calmar la pena y manejar el dolor, pero no hay pastilla que nos cure las heridas del alma, que nos borre los recuerdos traumáticos, que nos enseñe a gestionar nuestros sentimientos y nos ayude a aprender a relacionarnos con los demás.

En el ámbito del amor romántico, esta falta de herramientas nos lleva al desastre sentimental, no una, sino varias veces a lo largo de nuestra corta vida. Nos arrojamos al amor desnudas porque nos hemos creído el cuento de que el amor es ciego, y que cuando Cupido nos lanza sus flechas y nos alcanza el corazón no hay nada que podamos hacer, excepto entregarnos al amor sin resistencia. Abrimos nuestro corazón, nos volcamos en el amor, nos creemos que enamorarnos significa tirarnos al vacío sin protección de ningún tipo.

El amor en las películas es una enfermedad, un hechizo, una locura que nos trastorna y nos trastoca por completo. Dejamos de pensar racionalmente, de ser adultas responsables, de cuidarnos y querernos, como si estuviéramos poseídas por el demonio. Nos hace olvidarnos de toda la gente a la que queremos para poner en el centro al ser amado... Nos hemos creído el cuento de que al enamorarnos estamos condenadas para siempre a amar sin condiciones, a olvidarnos de nosotras mismas y de nuestra felicidad, a sacrificarnos y a sufrir por amor.

Estos mensajes van haciendo mella en nosotras, y nos hacen creer que lo importante en la vida es encontrar una media naranja que nos complete. Nos han convencido de que no hace falta que nos responsabilicemos de nuestro bienestar y nuestra felicidad: ya se encargará de eso el Príncipe Azul cuando lo encontremos. No hace falta que nos amemos a nosotras mismas: ya vendrá otro a amarnos, a protegernos, a cuidarnos, a solucionar nuestros problemas a cambio de nuestra capacidad para dar amor, sexo y cariño.

Gracias a estos mensajes nos creemos que estamos muy solas y muy necesitadas de amor, aunque en realidad somos todas mujeres libres y autónomas y no necesitamos que nadie nos complete. Nos sale muy caro entregar nuestro corazón al primer tonto que pasa por la esquina y nos hace un poco de caso: luego nos tenemos que pasar meses y años curándonos las heridas que nos causa una relación fallida. Nos toca hacer un inmenso trabajo para recomponer las piezas de nuestro pequeño corazón, para recuperar la alegría de vivir y la confianza en nosotras mismas.

Sufrir por amor tiene un coste altísimo. Nos daña la salud mental y emocional, nos baja la autoestima, nos roba las energías, nos aísla del mundo que nos rodea, nos aleja de nuestros proyectos vitales, hace sufrir a la gente que nos quiere y nos mete en burbujas en las que nos olvidamos de lo verdaderamente importante. ¿Y qué es lo verdaderamente importante? Primero, yo y mi bienestar. Luego, mi gente querida y mi red de afectos. Y por último, el romance, que solo puede darse cuando yo estoy bien y tengo mucho amor en mi vida.

Cuidarse a una misma y quererse bien no es tan difícil, en realidad. Hay una técnica muy fácil que consiste en verse desde lejos como si fueras alguien a quien quieres mucho: tu madre, tu hermana, tu mejor amiga, tu hija. A ellas les deseas lo mejor, les das buenos consejos, te preocupas por su felicidad, haces lo que está en tu mano para ayudarlas. Te enfadas si alguien quiere hacerles daño, las proteges y las defiendes cuando alguien quiere abusar de ellas o tratarlas mal, las apoyas cuando lo necesitan, las escuchas y las ayudas para que no se autoengañen si están sufriendo, las animas a tomar buenas decisiones, las empujas a liberarse de todo aquello que no las hace felices.

Todas nosotras podemos hacer lo mismo: cuidarnos con el mismo amor con el que cuidamos a los demás.

Cuidarse bien para quererse bien: hay que buscar la manera de que la energía del amor emane de ti y llegue a ti, y pase por tu gente querida y por tus parejas, pero siempre vuelva a ti. La energía del amor es poderosa: hay que repartirla, no reducirla a una sola persona, y tiene que llegarte a ti también, porque el amor hacia una misma es la base de toda la relación de una con el mundo en el que vivimos.

Cuidarse bien es preguntarte de vez en cuando: ¿estoy bien?, ¿me siento bien? Si la respuesta es "sí", es importante disfrutar al máximo, no complicarte la vida, saborear cada momento, dar lo mejor de ti en la relación, permitirte ser feliz.

Si la respuesta es "no", entonces hay que buscar soluciones, ser práctica, actuar con rapidez, tomar decisiones y establecer estrategias para cambiar todo aquello de nuestras vidas que nos hace daño y que nos impide ser felices.

Una de las principales estrategias para cuidar tu salud mental y emocional es alejarte de la gente que te hace daño: sacarlos de tu vida de una manera radical. Para ser feliz hay que evitar a toda esa gente que necesita machacarte para aumentar su autoestima, que necesita dominarte para sentirse importante, que te chupa la energía y los recursos porque no tiene autonomía, que depende de ti pero te hace creer que eres tú la dependiente. A la gente que te trata mal para sentirse bien hay que mantenerla bien lejos.

También hay que evitar a toda la gente que quiere cambiarte porque no les gustas tal y como eres. La gente que quiere aislarte de tus seres queridos para poder manipularte a su antojo, gente que no sabe negociar ni hacer pactos, sino imponer sus deseos. Gente que te hace responsable de su bienestar para que te sientas culpable si no atiendes todos sus deseos y necesidades, gente egoísta y perversa que disfruta haciéndote sufrir, que te da lecciones, que te humilla o se burla de ti. Se trata de gente que se victimiza para chantajearte, amenazarte y hacerte sentir culpable, gente que en lugar de facilitarte la vida te la complica, gente que te mete en círculos viciosos de problemas y sufrimiento con espacios cortos de felicidad romántica que te compensan los malos tratos y los malos ratos.

También está quien no es mala persona, pero igualmente te hace daño porque no sabe disfrutar del amor, o porque no tiene herramientas para gestionar sus emociones y para relacionarse con los demás. A veces las personas llegan a las relaciones con mucho dolor acumulado, con mucha frustración, desconfianza, miedos, prejuicios, egoísmo, falta de empatía, rencores y estructuras de guerra que nos impiden empezar de cero y que pueden convertir cualquier relación en un infierno.

Si al leer este texto te das cuenta de que tú misma cumples con alguna de las características de la gente con la que es mejor no emparejarse, estás de enhorabuena: solo pueden cambiar las personas que son conscientes de sus problemas, de sus defectos y de sus puntos débiles. Hacer autocrítica es muy útil y liberador: sirve para identificar todo aquello que queremos eliminar, transformar o mejorar de nosotras mismas. El objetivo final es ser mejores personas y más felices. Y para ser más felices, o al menos para poder estar bien, hay que quererse bien y cuidarse mucho y priorizar nuestra salud emocional ante cualquier otra cosa.

Uno de los actos de amor más grandes hacia una misma es terminar las relaciones que no nos hacen felices. Por ejemplo, las relaciones en las que no somos correspondidas/os.

En mi Laboratorio del Amor me preguntan con frecuencia: ¿cómo sé si ya no me quiere, cómo sé si soy plenamente correspondida cuando me enamoro? Para eso creamos el termómetro del amor, una herramienta que nos permite identificar en nosotras mismas las señales de enamoramiento y desenamoramiento, y luego aplicarlas a la pareja: podemos leer los sentimientos de los demás en su cuerpo, en sus gestos, en su comportamiento y en su forma de relacionarse con nosotras. Y con base en eso, podemos ponernos a pensar en si nos compensa o no.

La mayor parte de las mujeres que trabajamos en este grupo de estudio sobre el amor romántico coincidimos en que el mayor problema es el autoengaño. Nos engañamos y nos boicoteamos a nosotras mismas cuando no queremos leer las señales que el cuerpo y el comportamiento de la otra persona nos está lanzando. Incluso cuando somos nosotras las que no nos estamos enamorando o las que nos estamos desenamorando, también nos autoengañamos. Sin embargo, si no somos sinceros y sinceras, el dolor está asegurado: cuando no se sabe qué está pasando, se sufre mucho. Cuando preguntas y te responden mentiras, también se sufre mucho. Cuando la otra persona cambia su comportamiento y su forma de mirarnos, de relacionarse con nosotras, lo notamos y sufrimos mucho.

Por eso, parte de cuidarse consiste en ser honesta con una misma y con la pareja. Se trata de sentarse frente a un espejo a charlar con una misma, de escucharse con atención y de hacerse preguntas clave para saber qué nos pasa, qué sentimos, qué queremos, qué necesitamos. Así es más fácil sentarse también a hablar con la otra persona. También las amigas ayudan mucho a ver la realidad cuando el autoengaño te distorsiona todo.

El autoengaño forma parte del autoboicot, que es un arma para hacerse la guerra a una misma. Hacerse autoboicot es, por ejemplo, enamorarse siempre de personas que nunca se van a enamorar de ti, o de personas que no te convienen, o engancharse a relaciones que no van a ningún lado. Autoboicotearse implica tratarse mal: es ponerse una misma los obstáculos, fabricarse los miedos, exponerse al dolor más absoluto. Algunas veces llegamos a unos niveles de violencia espantosos buscando la manera de hacernos daño y de ser infelices, por eso es tan importante trabajar en mejorar la relación con una misma. Porque batallar en dos frentes (el primero, en el que tú te haces daño a ti misma; y el segundo, en el que te hace daño la otra persona) es demasiado duro.

Sucede que, cuanto más nos queremos, menos nos torturamos, menos nos castigamos, menos nos autolesionamos y disfrutamos más de la vida. Si trabajamos la autoestima y aprendemos a querernos bien, entonces vamos a luchar siempre por nuestro bienestar, vamos a alejarnos de la gente dañina, vamos a buscar buenas compañías, vamos a escucharnos y a confiar en nosotras mismas, vamos a hacernos la vida más fácil y vamos a alejarnos rápido de relaciones que nos hacen sufrir.

Cuidarse bien es también saber poner límites a los demás, aprender a decir "no" cuando algo no nos está sentando bien, a no dejarnos manipular por los demás. Cuidarse bien a una misma también es no hacer nuestros los problemas que tienen los demás. Cada cual ha de hacerse responsable de sus dolores, sus miedos, sus traumas. Cuidarse es no meterse en guerras románticas que no sirven para nada, es ahorrarse situaciones dolorosas, es no permitir que nadie nos haga daño, ni consciente, ni inconscientemente. Tanto el tiempo como la energía son tesoros y no son ilimitados: no podemos malgastarlos en relaciones que no van a ninguna parte ni en personas que no merecen la pena.

Hay dolores que no pueden evitarse, como la pérdida de un ser amado. Pero hay otros muchos que sí, por eso es tan importante que nos sintamos libres para unirnos a quien queramos, o para separarnos cuando la relación no nos hace bien. Y hay que hacerlo con rapidez: cuanto menos sufrimiento soportemos, mejor. El sufrimiento va mellando nuestra salud emocional hasta que nos destroza por dentro.

Tenemos que ser adultas y responsables de nuestra salud, tomar las riendas de nuestro bienestar emocional y mental, aprender a tomar decisiones que nos ayuden a estar bien. Hay que usar el sentido común y responsabilizarse de lo que hacemos, lo que sentipensamos y lo que decimos: la clave es trabajar la honestidad y la coherencia.

No estamos condenadas a sufrir por amor: podemos pararnos a leer las señales, evaluar si nos merece la pena empezar una relación. Podemos darnos consejos sensatos a nosotras mismas. Podemos pedir ayuda a la gente que nos quiere si nos cuesta pensar con claridad. Podemos mirarnos con amor, tratarnos bien, evitarnos problemas. Podemos ser prácticas y sensatas en el amor, aprender a decir "no" cuando sea necesario, echar marcha atrás cuando queramos. Podemos evitar el autoengaño y el autoboicot, elegir las mejores compañías, poner en el centro nuestro bienestar y nuestra felicidad. Porque la vida es muy corta y hay que disfrutarla mientras dure.

CAPÍTULO 22
¿CÓMO TRABAJAR EL AMOR ROMÁNTICO?

En el Laboratorio del Amor trabajamos el tema del amor romántico en torno a estos seis ejes:

- Analizamos el mundo en el que vivimos, la ideología patriarcal y capitalista que subyace a toda nuestra cultura amorosa y el modelo de amor patriarcal que nos inoculan en vena desde nuestra más tierna infancia. Analizamos el amor en su dimensión política, económica, social, religiosa, cultural, sexual y emocional para desmitificarlo y para despatriarcalizarlo.
- Identificamos cómo cada una de nosotras ha interiorizado esos mitos, esos roles, esos estereotipos y esos mandatos de género, y cómo determinan nuestras emociones, nuestros discursos, nuestro comportamiento, nuestra personalidad y nuestra forma de relacionarnos con la pareja y con los demás. Identificamos también cómo obedecemos, cómo resistimos y cómo nos rebelamos ante los mandatos patriarcales desde niñas hasta la actualidad, y diseñamos estrategias para aprender a gestionar nuestras emociones y liberarlas de su carga patriarcal.

- Trabajamos mucho la autoestima: ¿cómo hemos interiorizado la guerra contra las mujeres y cómo la aplicamos contra nosotras mismas? ¿Cómo nos cuidamos y cómo cuidamos a los demás? ¿Cómo nos comunicamos con nosotras mismas? ¿Cómo hemos aprendido a querernos? ¿Cómo vamos a desaprenderlo todo para poder aprender a querernos bien a nosotras mismas? ¿Cómo vamos a evitar el autoboicot y el autoengaño y aceptar la realidad?
- Utilizamos la autocrítica amorosa para conocernos mejor, para construir una relación bonita con nosotras mismas, para construir relaciones bonitas con los demás, para identificar todo aquello que no nos gusta de nosotras, para mejorar todo aquello que se puede mejorar, para cambiar todo lo que no nos hace felices o nos hace daño, para aprender a responsabilizarnos de nuestro bienestar, de nuestra salud y nuestra felicidad. La autocrítica es una herramienta para aprender a amar como adultas, para poder alcanzar la mejor versión de nosotras, para ser mejores personas, para ser más felices y hacer más felices a los demás.
- Analizamos, desde la autocrítica amorosa, las relaciones de poder: ¿cómo trabajarnos el ego para que no trate de imponerse a otros egos? ¿Cómo nos esclaviza nuestro propio ego? ¿Cómo ejercemos el poder y cómo nos afectan y determinan los poderes de los demás? ¿Qué hacemos con nuestro poder cuando nos enamoramos? ¿Cómo dominamos la realidad y a los demás, cómo nos dominan los demás a nosotras? ¿Hemos elegido la vía de la sumisión o de la dominación para manipular nuestro entorno? ¿Cómo hacer para eliminar las jerarquías y aprender a relacionarnos horizontalmente con los demás?

- Camino a la transformación: construimos herramientas para llevar la teoría a la práctica, individual y colectivamente. Compartimos vivencias y reflexiones con las demás, mezclando lo personal con lo político, para crear una ética colectiva en torno al amor y a las relaciones sexoafectivas. Establecemos estrategias para sufrir menos y disfrutar más del amor, y para liberarnos del patriarcado juntas. Diseñamos nuevas utopías y reinventamos el amor, elaboramos pactos con nosotras mismas para el trabajo personal que estamos haciendo, nos empoderamos en buenas compañías, ayudamos a las compañeras cuando piden consejo o cuando necesitan cariño en momentos difíciles, practicamos la sororidad con mucho amor del bueno. Asumimos lo político de nuestro trabajo: nos estamos liberando para vivir mejor, para estar mejor, para relacionarnos mejor y para transformar el mundo en el que vivimos.

CONCLUSIÓN
UTOPÍAS AMOROSAS PARA TODAS

¿Qué tal si sustituimos al príncipe azul por un mundo mejor para todas y todos? Imaginemos cómo cambiaria todo si nuestras energías, nuestros saberes, nuestra creatividad, nuestras habilidades, nuestra imaginación, nuestro deseo y erotismo, nuestro amor, nuestras ilusiones, nuestras fuerzas y nuestro tiempo los dedicásemos a construir un mundo mejor.

Millones de mujeres están ahora solas sufriendo por amor, o soñando con un ser inexistente y con un modelo de pareja irreal como la salvación. Por eso, dentro de la lucha feminista estamos trabajando para liberarnos de la estafa romántica que perpetúa la subordinación femenina y nos mantiene voluntariamente encadenadas a un ideal romántico que nos distrae de las cosas verdaderamente importantes de la vida.

Convirtamos la utopía romántica individualista en una utopía amorosa colectiva en la que quepamos todas. Yo imagino un mundo de mujeres que quieren disfrutar del amor y quieren gozar de relaciones sanas e igualitarias que les permitan sentirse libres. Mujeres que son capaces de entender el amor como una energía que mueve el mundo. Mujeres empoderadas, organizadas, con los pies en la tierra, peleando por sus derechos, liberándose del patriarcado, revolucionando los afectos y las relaciones, trabajando las emociones para la transformación personal y colectiva, trabajando unidas para construir un mundo mejor.

También imagino una sociedad en la que los hombres se unan a la revolución del amor, del sexo, de los afectos y los cuidados. Los visualizo desobedientes, rebeldes y construyendo su libertad. Algunos ya están en ello, pero son minoría los que están haciendo autocrítica amorosa, desaprendiendo y cuestionando todo, trabajando en sus privilegios, aportando su granito de arena para la revolución amorosa.

Ellos y nosotras necesitamos toneladas de sensatez, de ternura, de empatía, de solidaridad y de autocrítica feminista para poder diseñar el mundo que queremos, y para llevar la utopía amorosa a la realidad.

Estadísticamente somos minoría, pero somos cada vez más: nuestra revolución es contagiosa. Somos mujeres con ganas de cambios y de revoluciones, mujeres ilusionadas con la idea de poder decir algún día: "Ya no sufro por amor, ahora disfruto del amor". El camino hacia la utopía es duro, pero también es un viaje apasionante en el que nos vamos haciendo más sabias, más conscientes, más combativas y más alegres.

Las mujeres que queremos disfrutar del amor y de la vida reivindicamos nuestro derecho a ser felices, a disfrutar del sexo, del amor, de los afectos y de la vida. Nos sentimos pioneras, exploradoras y creadoras: estamos haciendo la revolución amorosa, sexual y emocional. Pese a las resistencias que encontramos en el camino, esta transformación es imparable.

Una vez que empezamos a hacernos preguntas y a imaginar otras formas de querernos y de organizarnos, no hay nada que nos detenga: ya estamos llevando la teoría a la práctica, ya estamos entrenando en el arte de disfrutar del amor, de los afectos y los cuidados, ya estamos saboreando las mieles de los primeros triunfos.

La revolución amorosa ya está aquí, dentro de ti, dentro de todas nosotras. Somos cada vez más, nada nos puede parar.